刺繡博物図 2

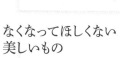

なくなってほしくない
美しいもの

An
Embroidered
Book
of
Natural
History
Motifs
2

by
atsumi

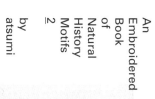

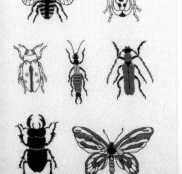

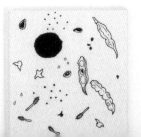

小学館

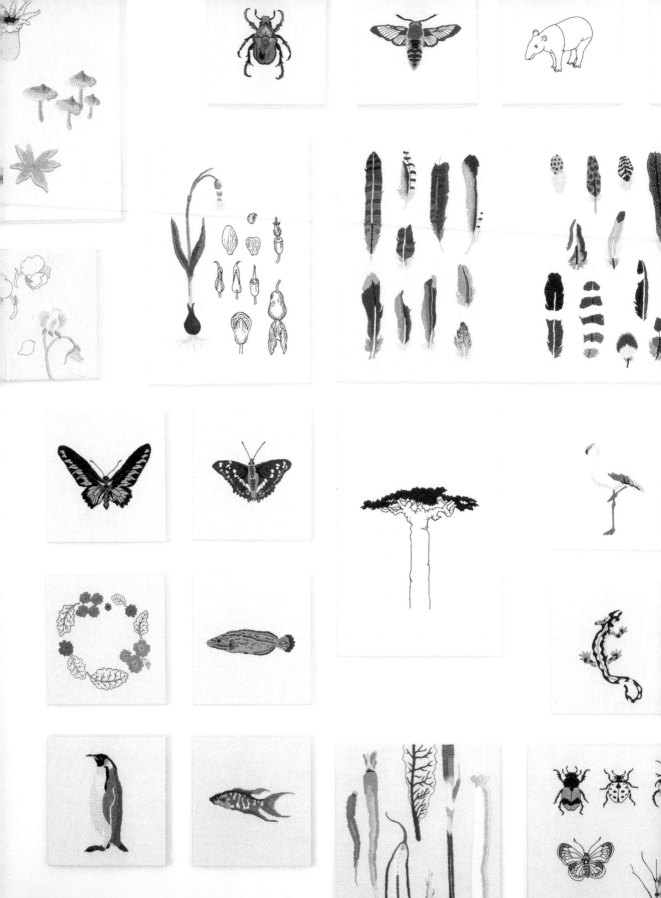

Prologue
—

はじめに

旅行がすきです。

ここ数年、1年に一度、気分転換とインプットを兼ねて海外旅行をしてきました。言葉の通じない国に、あまり詰め込みすぎないように計画をたてて旅行します。旅先で必ず訪れるのは、その土地土地の自然史博物館と手芸店や小さなお店。

自然史博物館は、展示内容は似ているものも多いけれど、展示方法などが違っておもしろい。似たような展示内容でも、わたしのそのときの心境によって感じ方が違うし、どういった意図で展示をされているかによっても目がとまるところが違います。その国から見た外国の工芸品の展示はとくに、自分の仕事に通じるものが多く客観的な視点が参考になることがよくあります。外国で日本の手仕事を見ると誇らしい気持ちになったり、自分の国のことなのによく知らないなっと反省したり。

手芸店の品揃えは、国によって異なるものもあれば、どの国でも目にするものもあります。その中でも誇らしく感じるのは、日本のメーカーの材料や道具が色々な国で使われていること。パッケージなどは海外仕様になっているものが多いのですが、知らない土地で馴染みのあるものを目にすると、妙に懐かしい気持ちと誇らしい気持ちになるものです。日本でも旅先の手芸店を覗くことがありますが、土地に根付いた懐の深さのようなものがどの国の手芸店にもあり、いつまでもなくなってほしくないなと感じます。

手芸店のほかにも、古いものや小さなお店を見かけると覗いてみます。とある旅先の小さなお店に行ってみたときのこと。レジの片隅に置いてあったバッジに目がとまりました。それは、自然保護活動のためのバッジ。ひと目で『かわいい』と思う魅力的なつくりで、お土産に買っていこうと手に取りました。たくさん種類がある中から自分のすきな図柄のものを長い時間かけて10個くらい選んだと思います。お会計をしようとレジに持っていくと、『それは絶滅危惧種を護る支援のためのものだからレジを通すのではなく、そこにお金を入れてね』と言われました。言われた通り、選んだ分の金額を箱に入れて店をあとにしました。

のちに、モチーフは絶滅危惧種だけではないと知るのですが、このバッジの『もの』としてのかわいさや在り方から、これまで頭の片隅で抱いていた、『わたしも地球のためになにかしたい』という漠然としているけどやたらと大きな想いに変化があったように思います。すごく大袈裟に考えていた『なにかしないといけないのにできていない』という気持ちの持っていく場所をお店の方の大袈裟ではない態度や、バッジ自体の魅力が、教えてくれたようです。

旅行をしていると、よく『どうしたの？ 何か助けが必要？』っと声をかけられたり、道を渡ろうとしていると必ず車が停車して渡らせてくれたりします。そういったことをさらっと当たり前にできる人々に出会って、普段の自分を振り返るきっかけがもらえるから旅行に行くのかもしれないと最近思うようになりました。

この本を作りたいと思ったきっかけは、旅先でみつけたバッジです。大それたことではなくて、当たり前のことを見て見ぬふりをしないように。そう思わせてくれたのは、旅先で素の自分がたまたま見つけたバッジ。バッジ自体がお説教くさいところが全くなく、魅力的だったことがとても大事だったのだと思います。

魅力的なものを見るとそれについて知りたくなります。誰かの心に届くように、わたしがなくなってほしくない魅力的だな、美しいなと感じたものをわたしなりの方法で残していきたいと思います。

atsumi

Contents

——

目次

Chapter 5　両生類と爬虫類

Chapter 6　魚類と哺乳類

Chapter 7　刺繍の基本

Chapter 1

—

Arthropoda

節足動物

昆虫がすきです。

見る専門。なんでも触れるか?っと

聞かれたらNO！です。

子供の頃は何も考えずに

触っていたものが、

今はなんだか怖かったり

気持ち悪かったりするので

積極的に触りたいとは思いません。

自分で絵を描きながら

ゾワゾワすることもたまにあります。

それでも、本やテレビで見る

昆虫の生態がだいすき。

わかっていないこともたくさん

あるから想像する余地もたくさん。

へぇっと感心したり、

勝手な想像でにやにやしたり、

いくらでも見ていられます。

WORK no.001
—
Trogonoptera brookiana

アカエリトリバネアゲハ

Notes_ とまっている蝶々の羽が優雅に動く姿がすき。 少し長めの羽を持つ蝶はとくに優雅に感じる。

How to Stitch
刺し方

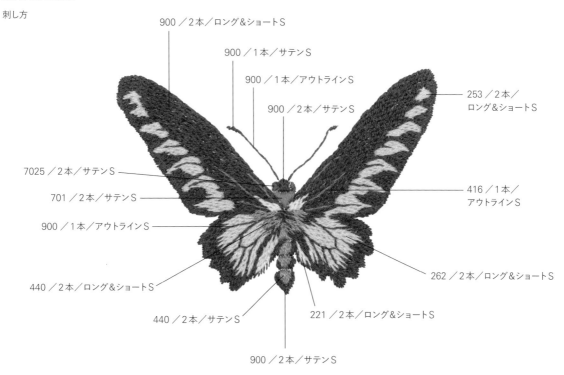

900 ／2本／ロング＆ショートS

900 ／1本／サテンS

900 ／1本／アウトラインS

253 ／2本／
ロング＆ショートS

900 ／2本／サテンS

7025 ／2本／サテンS

416 ／1本／
アウトラインS

701 ／2本／サテンS

900 ／1本／アウトラインS

262 ／2本／ロング＆ショートS

440 ／2本／ロング＆ショートS

440 ／2本／サテンS

221 ／2本／ロング＆ショートS

900 ／2本／サテンS

Color

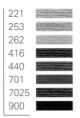

| 221 |
| 253 |
| 262 |
| 416 |
| 440 |
| 701 |
| 7025 |
| 900 |

WORK no.002

—

Apatura iris

イリスコムラサキ

How to Stitch
刺し方

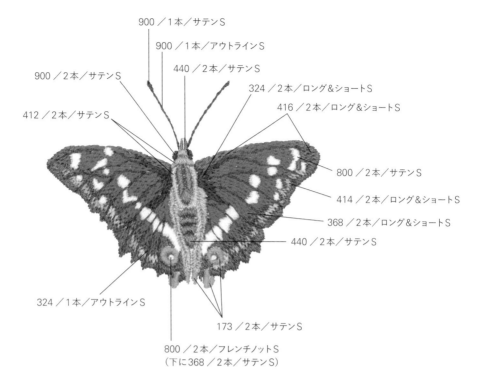

900 ／1本／サテンS
900 ／1本／アウトラインS
440 ／2本／サテンS
900 ／2本／サテンS
324 ／2本／ロング&ショートS
416 ／2本／ロング&ショートS
412 ／2本／サテンS
800 ／2本／サテンS
414 ／2本／ロング&ショートS
368 ／2本／ロング&ショートS
440 ／2本／サテンS
324 ／1本／アウトラインS
173 ／2本／サテンS
800 ／2本／フレンチノットS
（下に368 ／2本／サテンS）

Color

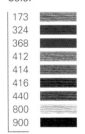

| 173 |
| 324 |
| 368 |
| 412 |
| 414 |
| 416 |
| 440 |
| 800 |
| 900 |

WORK no.003
—
Cetonia aurata

キンイロハナムグリ

Notes_ わたしの中のザ・昆虫的なフォルム。色合いがだいすきな虫。

How to Stitch
刺し方

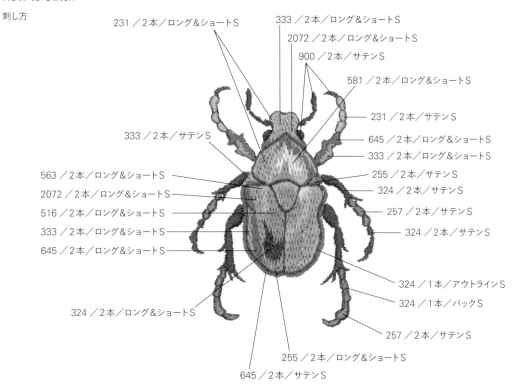

231 ／ 2本／ロング＆ショートS
333 ／ 2本／ロング＆ショートS
2072 ／ 2本／ロング＆ショートS
900 ／ 2本／サテンS
581 ／ 2本／ロング＆ショートS
231 ／ 2本／サテンS
645 ／ 2本／ロング＆ショートS
333 ／ 2本／ロング＆ショートS
255 ／ 2本／サテンS
324 ／ 2本／サテンS
257 ／ 2本／サテンS
324 ／ 2本／サテンS
324 ／ 1本／アウトラインS
324 ／ 1本／バックS
257 ／ 2本／サテンS
255 ／ 2本／ロング＆ショートS
645 ／ 2本／サテンS
324 ／ 2本／ロング＆ショートS
645 ／ 2本／ロング＆ショートS
333 ／ 2本／ロング＆ショートS
516 ／ 2本／ロング＆ショートS
2072 ／ 2本／ロング＆ショートS
563 ／ 2本／ロング＆ショートS
333 ／ 2本／サテンS

Color

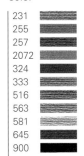

231	
255	
257	
2072	
324	
333	
516	
563	
581	
645	
900	

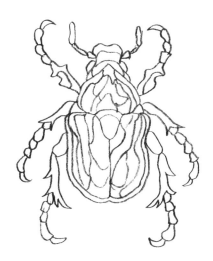

WORK no.004
—
Inachis io

クジャクチョウ

Notes_ 昆虫は、名前もおもしろいから図鑑を眺める楽しみのひとつなのだけれど、このクジャクチョウはスッと入ってくる名前。

How to Stitch
刺し方

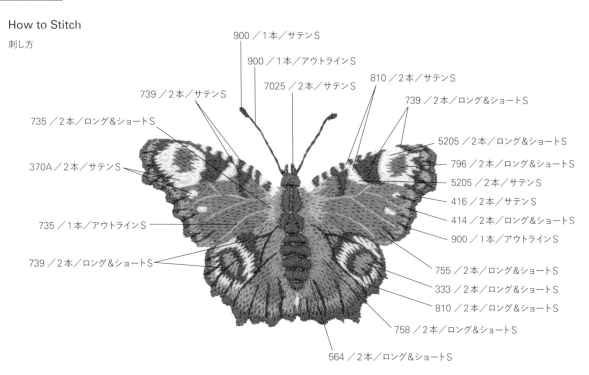

900 ／ 1本／サテンS

900 ／ 1本／アウトラインS

7025 ／ 2本／サテンS

810 ／ 2本／サテンS

739 ／ 2本／サテンS

739 ／ 2本／ロング＆ショートS

735 ／ 2本／ロング＆ショートS

5205 ／ 2本／ロング＆ショートS

370A ／ 2本／サテンS

796 ／ 2本／ロング＆ショートS

5205 ／ 2本／サテンS

416 ／ 2本／サテンS

414 ／ 2本／ロング＆ショートS

735 ／ 1本／アウトラインS

900 ／ 1本／アウトラインS

739 ／ 2本／ロング＆ショートS

755 ／ 2本／ロング＆ショートS

333 ／ 2本／ロング＆ショートS

810 ／ 2本／ロング＆ショートS

758 ／ 2本／ロング＆ショートS

564 ／ 2本／ロング＆ショートS

Color

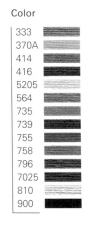

| 333 |
| 370A |
| 414 |
| 416 |
| 5205 |
| 564 |
| 735 |
| 739 |
| 755 |
| 758 |
| 796 |
| 7025 |
| 810 |
| 900 |

WORK no.005
—
Hemaris affinis

クロスキバホウジャク

How to Stitch
刺し方

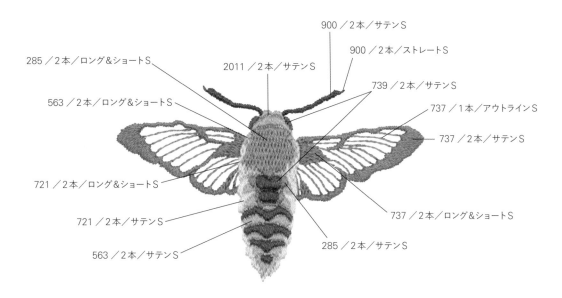

900／2本／サテンS

900／2本／ストレートS

285／2本／ロング＆ショートS

2011／2本／サテンS

739／2本／サテンS

563／2本／ロング＆ショートS

737／1本／アウトラインS

737／2本／サテンS

721／2本／ロング＆ショートS

721／2本／サテンS

563／2本／サテンS

737／2本／ロング＆ショートS

285／2本／サテンS

Color

285	
2011	
563	
721	
737	
739	
900	

WORK no.006

—

Tyria jacobaeae

ティリアジャコバエ

Notes_ 赤と黒はすきな色。黒いワンピースに赤い靴下を身につけたような印象の蝶。名前と見た目が全然しっくりこない。

How to Stitch

刺し方

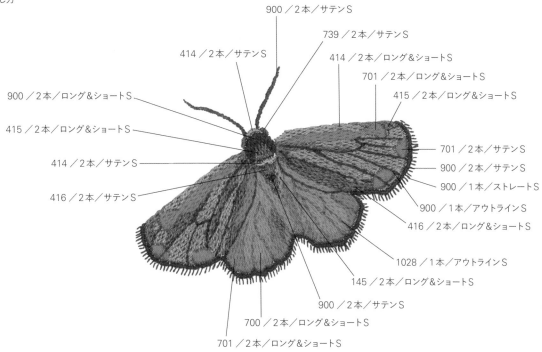

900／2本／サテンS

739／2本／サテンS

414／2本／サテンS

414／2本／ロング＆ショートS

701／2本／ロング＆ショートS

900／2本／ロング＆ショートS

415／2本／ロング＆ショートS

415／2本／ロング＆ショートS

701／2本／サテンS

414／2本／サテンS

900／2本／サテンS

900／1本／ストレートS

416／2本／サテンS

900／1本／アウトラインS

416／2本／ロング＆ショートS

1028／1本／アウトラインS

145／2本／ロング＆ショートS

900／2本／サテンS

700／2本／ロング＆ショートS

701／2本／ロング＆ショートS

Color

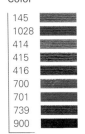

145
1028
414
415
416
700
701
739
900

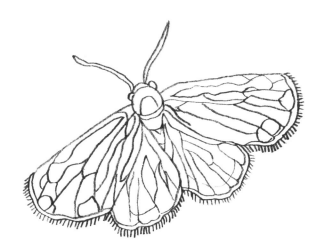

テントウムシグモ

How to Stitch
刺し方

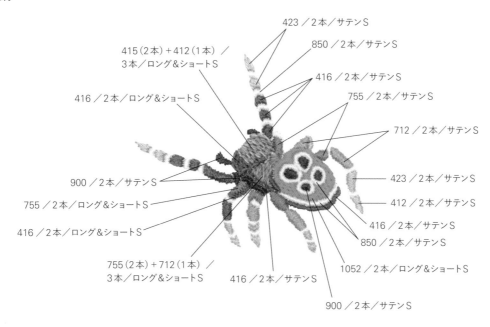

423／2本／サテンS

850／2本／サテンS

415（2本）＋412（1本）／
3本／ロング＆ショートS

416／2本／サテンS

416／2本／ロング＆ショートS

755／2本／サテンS

712／2本／サテンS

900／2本／サテンS

423／2本／サテンS

755／2本／ロング＆ショートS

412／2本／サテンS

416／2本／ロング＆ショートS

416／2本／サテンS

850／2本／サテンS

755（2本）＋712（1本）／
3本／ロング＆ショートS

416／2本／サテンS

1052／2本／ロング＆ショートS

900／2本／サテンS

Color

1052	
412	
415	
416	
423	
712	
755	
850	
900	

WORK no.008
—
Deilephila elpenor

ベニスズメ

Notes_ 実物を見てみたい虫ナンバーワン。色の組み合わせも発色も魅力的だけれど、きっと角度や動きによっても見え方が違うのだと思う。

How to Stitch
刺し方

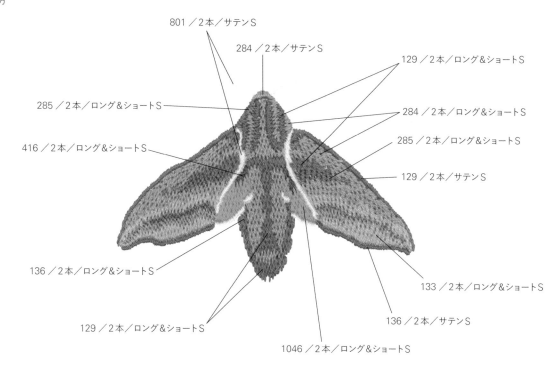

801 ／2本／サテンS
284 ／2本／サテンS
129 ／2本／ロング＆ショートS
285 ／2本／ロング＆ショートS
284 ／2本／ロング＆ショートS
416 ／2本／ロング＆ショートS
285 ／2本／ロング＆ショートS
129 ／2本／サテンS
136 ／2本／ロング＆ショートS
133 ／2本／ロング＆ショートS
129 ／2本／ロング＆ショートS
136 ／2本／サテンS
1046 ／2本／ロング＆ショートS

Color

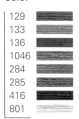

| 129 |
| 133 |
| 136 |
| 1046 |
| 284 |
| 285 |
| 416 |
| 801 |

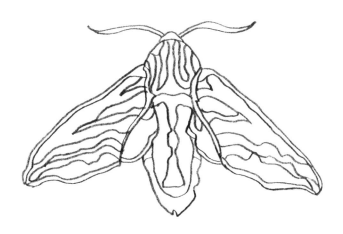

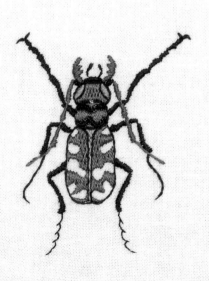
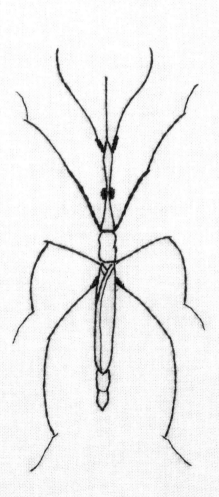

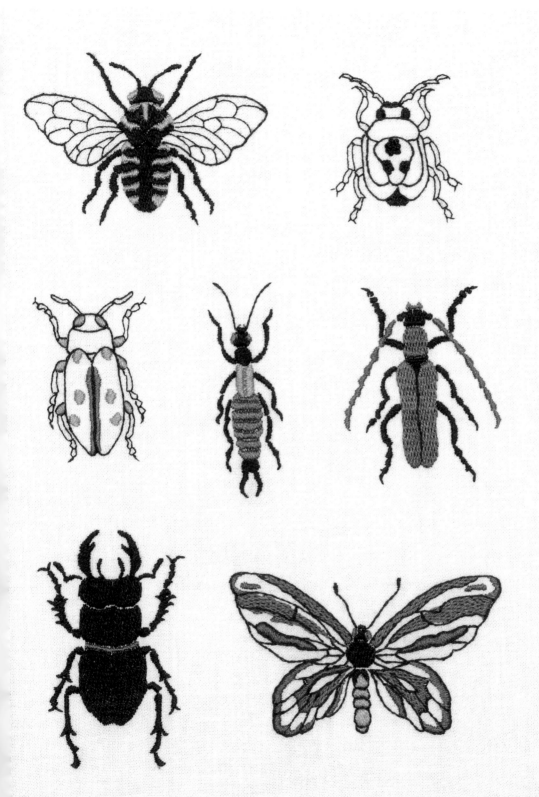

Chapter 2

—

Plants & Fungi

植物と菌類

子供の頃、畑の野菜や、道端の草花の名前を父が教えてくれました。
そのときは、「へぇ」くらいの反応のわたしに対して、
飽きもせず教えてくれていたのが
今となってはいい思い出で、少しだけ役にたっています。
家には観葉植物も多かったし、たまに切り花を生けたりする母だったので
植物は身近な存在で、だからこそ、特別意識せずにここまできましたが、
数年前からやけに気になるようになりました。
きっかけは、美しい図鑑や博物図だったのですが、
最近は散歩していてもご近所の花の変化に
自然に目をやっている自分に気づき、少し戸惑っています。

WORK no.010
—
Rosa canina

イヌバラ

Notes_ なんでだろう？と毎日毎日何度も思うのに、調べない。調べずに、ああでもない、こうでもないと考えを巡らせてこたえを先延ばしにするのが楽しいのかもしれない。イヌバラの由来も彼には、これからも調べくれ。

How to Stitch
刺し方

Pattern ——→ p.108

図案

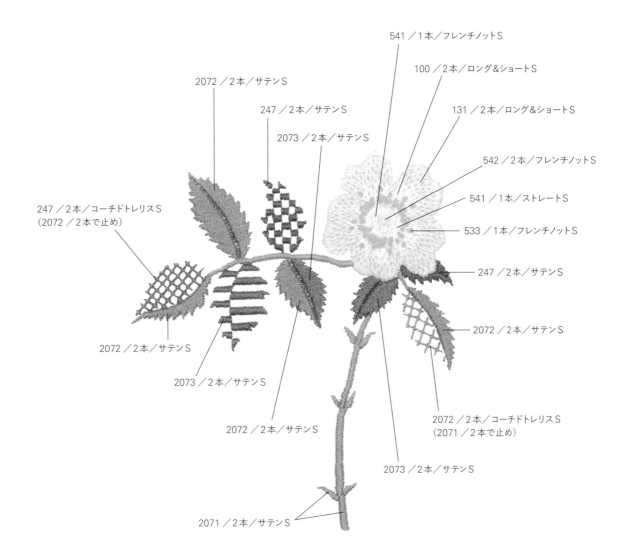

541／1本／フレンチノットS

100／2本／ロング＆ショートS

131／2本／ロング＆ショートS

2072／2本／サテンS

247／2本／サテンS

2073／2本／サテンS

542／2本／フレンチノットS

541／1本／ストレートS

533／1本／フレンチノットS

247／2本／コーチドトレリスS
（2072／2本で止め）

247／2本／サテンS

2072／2本／サテンS

2072／2本／サテンS

2073／2本／サテンS

2072／2本／コーチドトレリスS
（2071／2本で止め）

2072／2本／サテンS

2073／2本／サテンS

2071／2本／サテンS

Color

100
131
247
2071
2072
2073
533
541
542

Cypripedium yatabeanum

キバナノアツモリソウ

Notes_ もし、散歩中にみつけたら二度見すること間違いなしの花。まず下の花びらのところに指を入れて、奥行きや中の構造を確認したあとに各部位の触感を確かめたい。

How to Stitch
刺し方

Pattern ——— p.108
図案

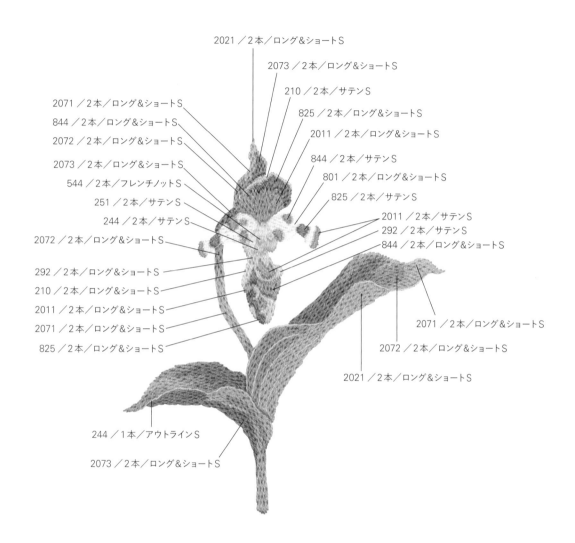

2021 ／ 2本／ロング＆ショートS

2073 ／ 2本／ロング＆ショートS

210 ／ 2本／サテンS

825 ／ 2本／ロング＆ショートS

2011 ／ 2本／ロング＆ショートS

844 ／ 2本／サテンS

801 ／ 2本／ロング＆ショートS

825 ／ 2本／サテンS

2011 ／ 2本／サテンS
292 ／ 2本／サテンS
844 ／ 2本／ロング＆ショートS

2071 ／ 2本／ロング＆ショートS
844 ／ 2本／ロング＆ショートS
2072 ／ 2本／ロング＆ショートS
2073 ／ 2本／ロング＆ショートS
544 ／ 2本／フレンチノットS
251 ／ 2本／サテンS
244 ／ 2本／サテンS
2072 ／ 2本／ロング＆ショートS

292 ／ 2本／ロング＆ショートS
210 ／ 2本／ロング＆ショートS
2011 ／ 2本／ロング＆ショートS
2071 ／ 2本／ロング＆ショートS
825 ／ 2本／ロング＆ショートS

2071 ／ 2本／ロング＆ショートS

2072 ／ 2本／ロング＆ショートS

2021 ／ 2本／ロング＆ショートS

244 ／ 1本／アウトラインS

2073 ／ 2本／ロング＆ショートS

Color

210	
244	
251	
292	
2011	
2021	
2071	
2072	
2073	
544	
801	
825	
844	

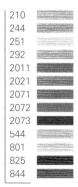

WORK no.012
—
Adansonia grandidieri

バオバブ　グランディディエリ

Notes_ 小さい頃見た本で知ったバオバブ。その本のタイトルも覚えていないけれど大きなバオバブがいつもみんなを見守っているというような内容だったような気がする。そのせいか、バオバブは55メートルの樹だという。

How to Stitch

刺し方

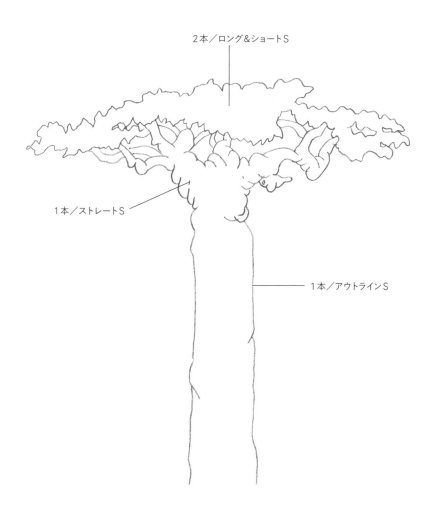

2本／ロング＆ショートS

1本／ストレートS

1本／アウトラインS

Color

 900

※糸の色番号はすべて900

WORK no.013
—
Primula sieboldii

サクラソウ

Notes_ 植物に同じ植物の名前をつけるってどうなんだろう？　言われてみたら花が桜に似ているけどさ、とか、サクラよりあとに名前がついたんだね、っとかぐるぐると考えてしまう

ふと、回顧しちゃうような意味も気になったりもする。

How to Stitch
刺し方

Pattern ——→ p.109
図案

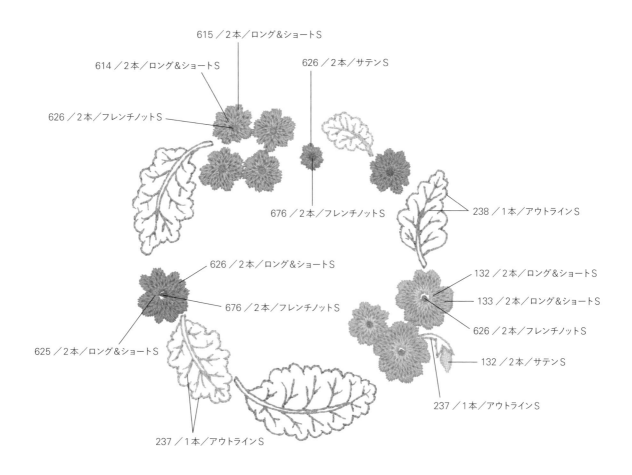

615／2本／ロング＆ショートS

614／2本／ロング＆ショートS

626／2本／サテンS

626／2本／フレンチノットS

676／2本／フレンチノットS

238／1本／アウトラインS

626／2本／ロング＆ショートS

676／2本／フレンチノットS

132／2本／ロング＆ショートS

133／2本／ロング＆ショートS

626／2本／フレンチノットS

625／2本／ロング＆ショートS

132／2本／サテンS

237／1本／アウトラインS

237／1本／アウトラインS

Color

132	
133	
237	
238	
614	
615	
625	
626	
676	

スノードロップ

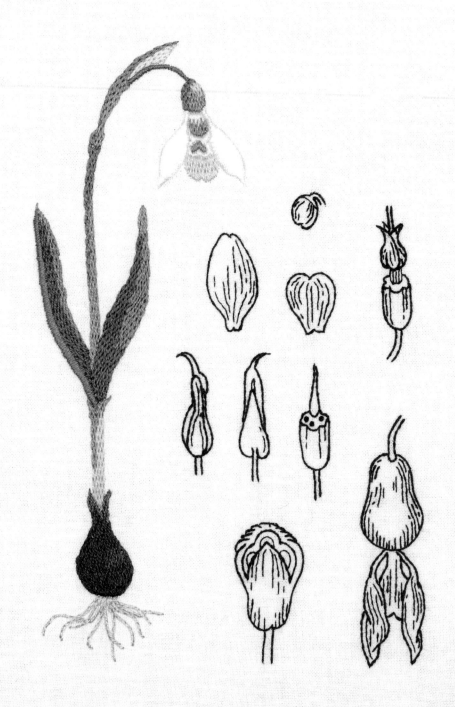

Notes_ スノードロップという響きも佇まいもかわいらしい。 歌のタイトルとか歌詞に使われていそうだなっと思って調べてみたらたくさんあった。

How to Stitch
刺し方

Pattern ——→ p.110
図案

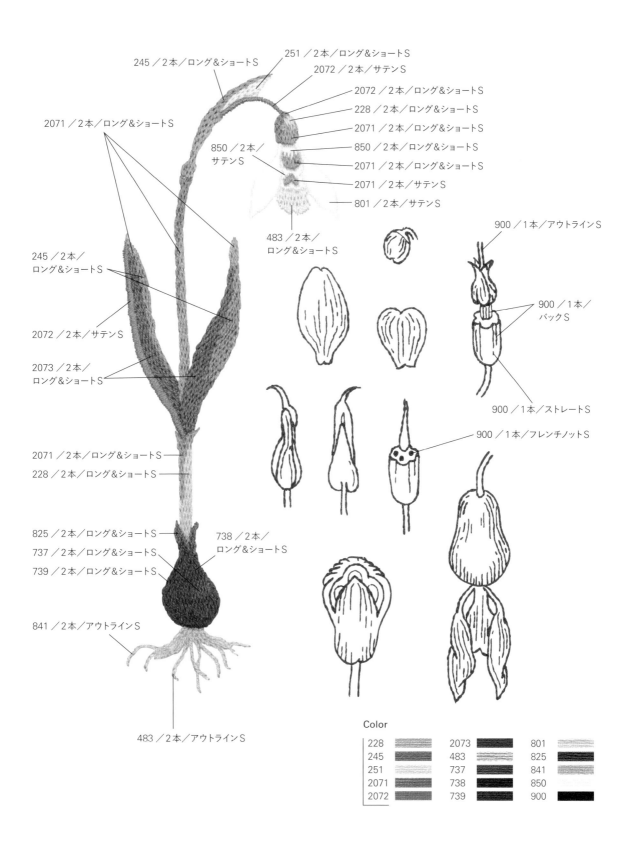

245 ／2本／ロング＆ショートS

251 ／2本／ロング＆ショートS
2072 ／2本／サテンS
2072 ／2本／ロング＆ショートS
228 ／2本／ロング＆ショートS
2071 ／2本／ロング＆ショートS
850 ／2本／ロング＆ショートS
2071 ／2本／ロング＆ショートS
2071 ／2本／サテンS
801 ／2本／サテンS

2071 ／2本／ロング＆ショートS

850 ／2本／
サテンS

483 ／2本／
ロング＆ショートS

245 ／2本／
ロング＆ショートS

2072 ／2本／サテンS

2073 ／2本／
ロング＆ショートS

2071 ／2本／ロング＆ショートS
228 ／2本／ロング＆ショートS

825 ／2本／ロング＆ショートS
737 ／2本／ロング＆ショートS
739 ／2本／ロング＆ショートS

738 ／2本／
ロング＆ショートS

841 ／2本／アウトラインS

483 ／2本／アウトラインS

900 ／1本／アウトラインS

900 ／1本／
バックS

900 ／1本／ストレートS

900 ／1本／フレンチノットS

Color

228		2073		801	
245		483		825	
251		737		841	
2071		738		850	
2072		739		900	

タカネマンテマ

Notes_ ひと目ですきだと思った花。 まだ実物を見たことがない。 名前を覚えられる自信がないから、 本物に出会える日がくる気がしない。

How to Stitch
刺し方

Pattern —— p.109
図案

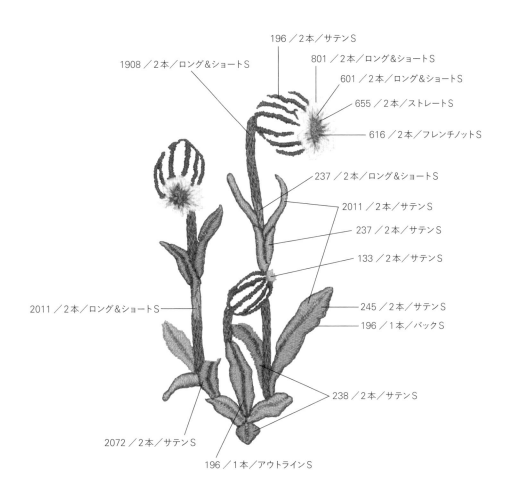

196 ／2本／サテンS

1908 ／2本／ロング＆ショートS

801 ／2本／ロング＆ショートS

601 ／2本／ロング＆ショートS

655 ／2本／ストレートS

616 ／2本／フレンチノットS

237 ／2本／ロング＆ショートS

2011 ／2本／サテンS

237 ／2本／サテンS

133 ／2本／サテンS

2011 ／2本／ロング＆ショートS

245 ／2本／サテンS

196 ／1本／バックS

238 ／2本／サテンS

2072 ／2本／サテンS

196 ／1本／アウトラインS

Color

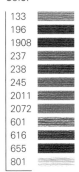

133
196
1908
237
238
245
2011
2072
601
616
655
801

WORK no.016
—
Simblum sphaerocephalum

コナガエノアカカゴタケ

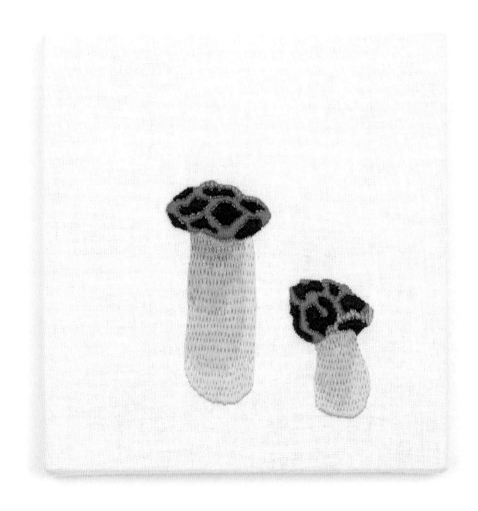

How to Stitch
刺し方

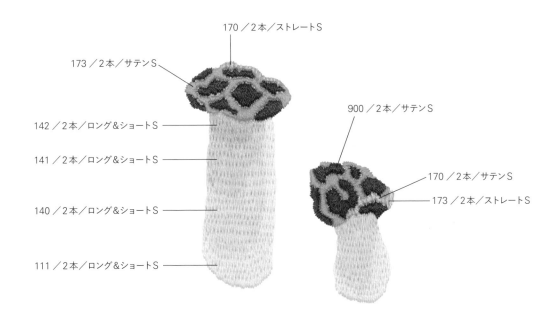

170 ／2本／ストレートS

173 ／2本／サテンS

900 ／2本／サテンS

142 ／2本／ロング&ショートS

141 ／2本／ロング&ショートS

170 ／2本／サテンS

173 ／2本／ストレートS

140 ／2本／ロング&ショートS

111 ／2本／ロング&ショートS

Color

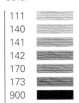

| 111 |
| 140 |
| 141 |
| 142 |
| 170 |
| 173 |
| 900 |

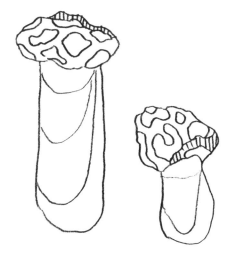

WORK no.017
—
Amanita virgineoides Bas

シロオニタケ

Notes_ 微妙に色の違う同系色のグラデーションの中に凹凸があるとたまらなくグッとくる。

How to Stitch
刺し方

801／4本／フレンチノットS

801／3本／フレンチノットS

811／2本／ロング＆ショートS

411／2本／ロング＆ショートS

483／2本／ロング＆ショートS

801／2本／フレンチノットS

810／2本／ロング＆ショートS

801／2本／ブリオンS

801／1本／フレンチノットS

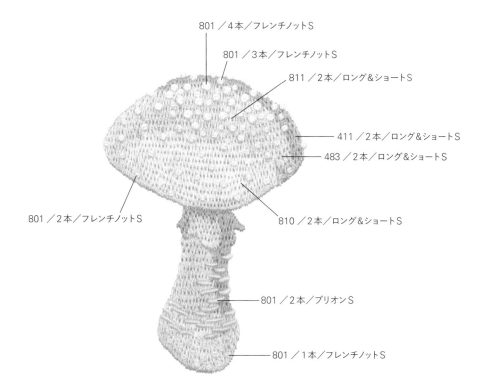

Color

| 411 |
| 483 |
| 801 |
| 810 |
| 811 |

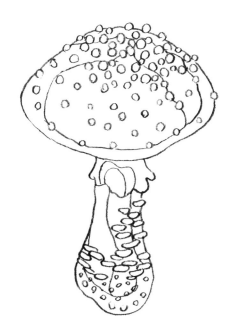

きのこ

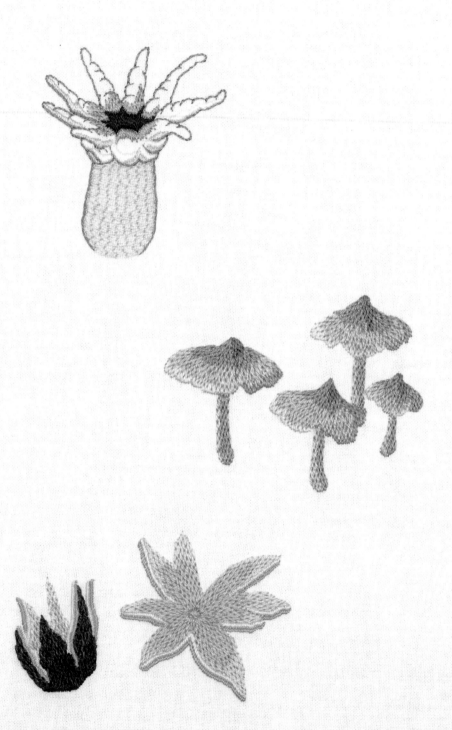

Notes_ 理科の授業できのこは菌類と習ってからしばらく、なんとなくきのこを食べたくなくなった。今ではつねに何かしらのきのこが常備されている。

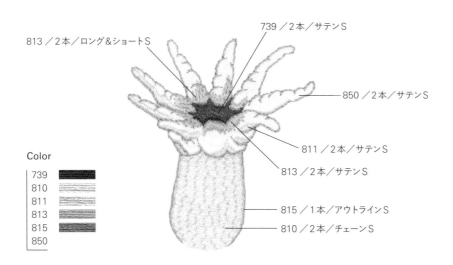

739 ／2本／サテンS

813 ／2本／ロング＆ショートS

850 ／2本／サテンS

811 ／2本／サテンS

813 ／2本／サテンS

815 ／1本／アウトラインS

810 ／2本／チェーンS

Color

739	
810	
811	
813	
815	
850	

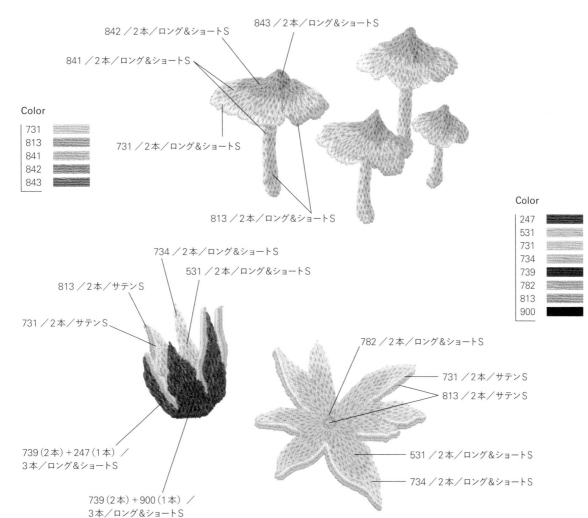

842 ／2本／ロング＆ショートS

843 ／2本／ロング＆ショートS

841 ／2本／ロング＆ショートS

731 ／2本／ロング＆ショートS

813 ／2本／ロング＆ショートS

Color

731	
813	
841	
842	
843	

Color

247	
531	
731	
734	
739	
782	
813	
900	

734 ／2本／ロング＆ショートS

531 ／2本／ロング＆ショートS

813 ／2本／サテンS

731 ／2本／サテンS

782 ／2本／ロング＆ショートS

731 ／2本／サテンS

813 ／2本／サテンS

531 ／2本／ロング＆ショートS

734 ／2本／ロング＆ショートS

739（2本）＋247（1本）／
3本／ロング＆ショートS

739（2本）＋900（1本）／
3本／ロング＆ショートS

Chapter 3

—

Rare vegetables

古来種野菜

『古来種野菜』とは、日本で古来から続く
あまり市場には出回らない野菜を扱う八百屋さん
warmerwarmer さんがつけた名前。
伝統野菜・地方野菜・在来野菜・固定種野菜あるいは
自家採種した野菜の総称です。
自然の営みの中で先祖代々受け継がれた野菜のこと。
普段わたしたちが見かける野菜に似ているけれどちょっと違う、
あまり知られていない野菜。
warmerwarmer さんと出会って、大切に受け継がれてきた
美しい野菜の数々を知るきっかけをいただきました。
その野菜のストーリーや美味しさは、
だいすきな人に教えたくなる美しいものばかり。
この小さな島国にこんなにもたくさんの野菜があること、
ここまで守られてきたことにはきっと意味があると
感じずにはいられません。

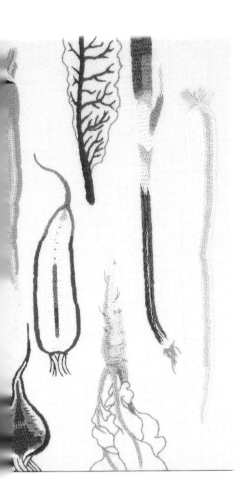

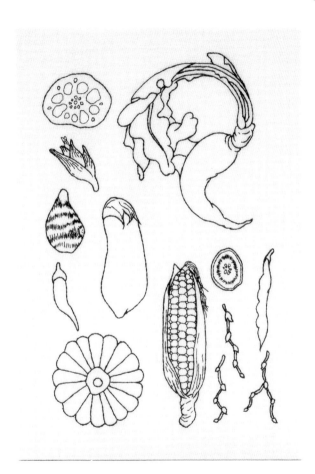

ウスイエンドウの花

Notes_ 写真を見て、『清楚で透明感のある女の子みたいだな』っと思った花。夏に似合うワンピースの柄のような刺繍にしたいと思ってデザインしてみた。

How to Stitch
刺し方

Pattern ——→ p.112
図案

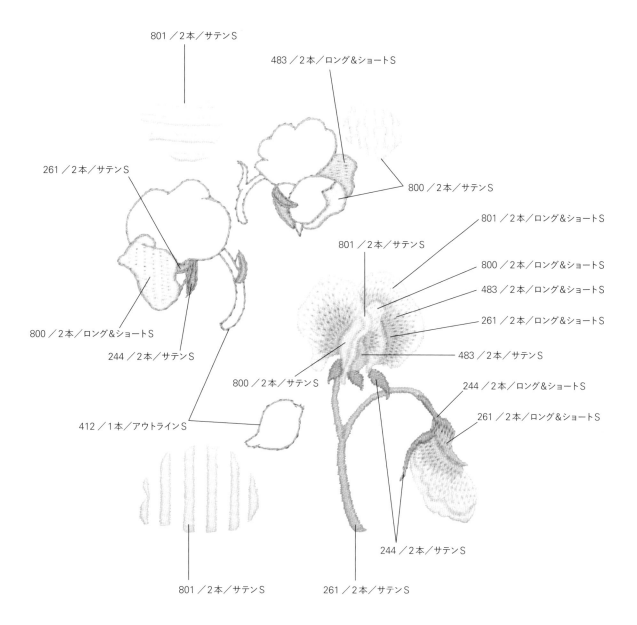

801 ／ 2本／サテン S

483 ／ 2本／ロング＆ショート S

261 ／ 2本／サテン S

800 ／ 2本／サテン S

801 ／ 2本／ロング＆ショート S

801 ／ 2本／サテン S

800 ／ 2本／ロング＆ショート S

483 ／ 2本／ロング＆ショート S

261 ／ 2本／ロング＆ショート S

483 ／ 2本／サテン S

800 ／ 2本／ロング＆ショート S

244 ／ 2本／サテン S

800 ／ 2本／サテン S

244 ／ 2本／ロング＆ショート S

261 ／ 2本／ロング＆ショート S

412 ／ 1本／アウトライン S

244 ／ 2本／サテン S

801 ／ 2本／サテン S

261 ／ 2本／サテン S

Color

| 244 |
| 261 |
| 412 |
| 483 |
| 800 |
| 801 |

WORK no.020
—
Cucumis melo var. conomon

早生かりもり

Notes_ 父がかりもりがすきで、母が毎年のように漬物にしている。それなのに、断面をじっくりと見たことがなかった。こんなにみずみずしくてきれいだと知っていたら、漬物づくりをもっと手伝ったのに。

How to Stitch
刺し方

236／2本／ロング＆ショートS

850／2本／サテンS

5205／2本／サテンS

244／2本／ロング＆ショートS

243／2本／ロング＆ショートS

2072／1本／アウトラインS
243／2本／ロング＆ショートS
227／2本／サテンS
483／2本／ロング＆ショートS
800／2本／ロング＆ショートS
811／2本／サテンS
243／2本／サテンS

244／2本／ロング＆ショートS

2072／2本／ロング＆ショートS

841／2本／サテンS

841／2本／サテンS

722／2本／サテンS

811／2本／サテンS

245／2本／ロング＆ショートS

2072／2本／ロング＆ショートS

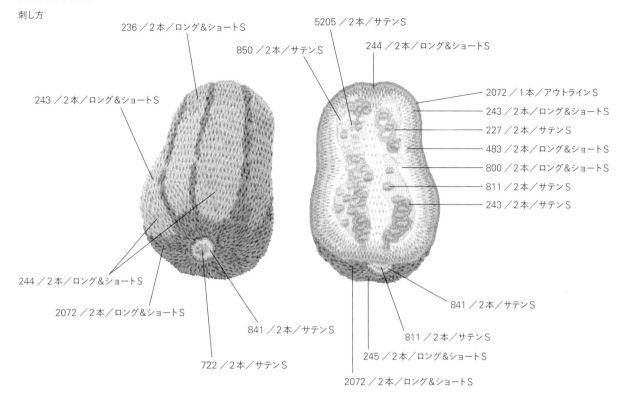

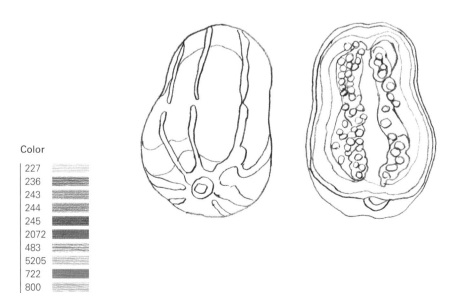

Color

| 227 |
| 236 |
| 243 |
| 244 |
| 245 |
| 2072 |
| 483 |
| 5205 |
| 722 |
| 800 |
| 811 |
| 841 |
| 850 |

Notes_ かぼちゃ、大根、おくら……似たようなかたちの種でも、葉っぱや花は全然違う。似ていない種はもっと違う。

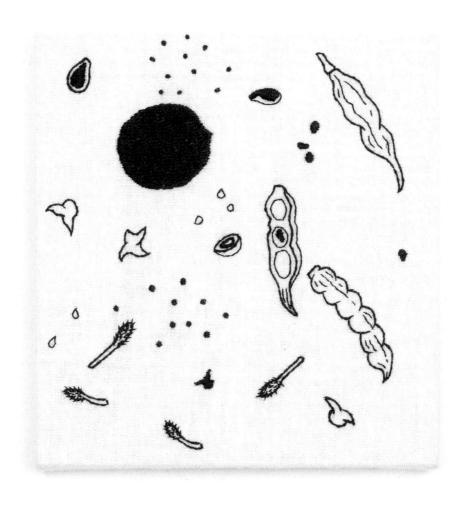

形がおもしろい古来種野菜

How to Stitch —→ p.118

刺し方
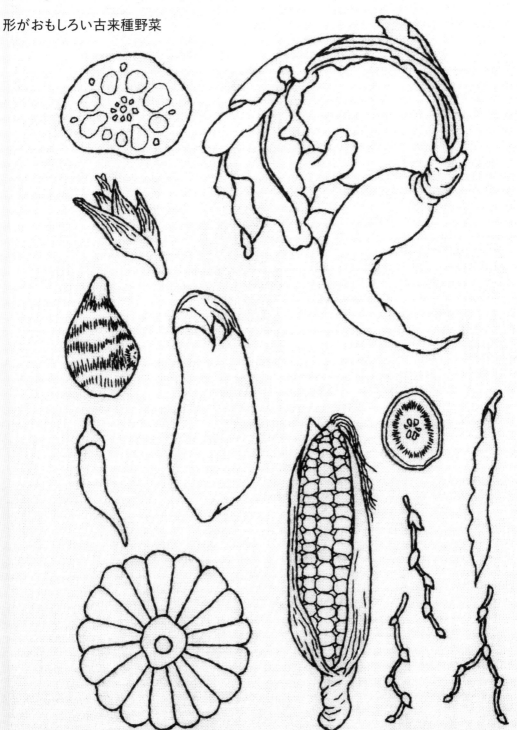

Notes_ たまに見かける色っぽい大根とかとは別の、どちらかというと感心してしまうようなフォルムに惚れ惚れする。

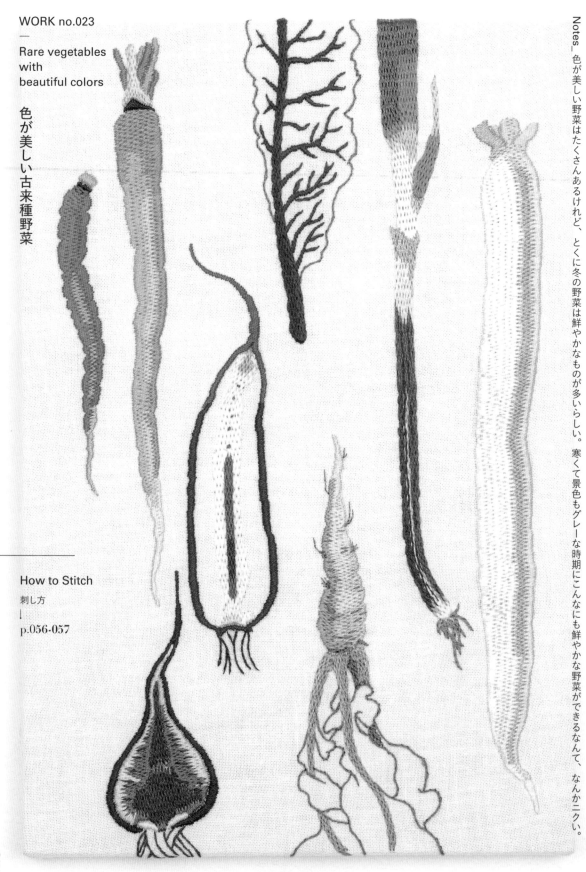

WORK no.023
—
Rare vegetables
with
beautiful colors

色が美しい古来種野菜

How to Stitch
刺し方
↓
p.056-057

WORK no.024

—

Pumpkins of various colors and shapes

色や形が異なるかぼちゃ

How to Stitch

刺し方

↓

p.058-059

Notes_ ハロウィンを知ったのと同じくらいにかぼちゃの種類の多さを知った。食べたことがあるのはごくわずかな種類。そういえば、かぼちゃコロッケしばらく食べてない。

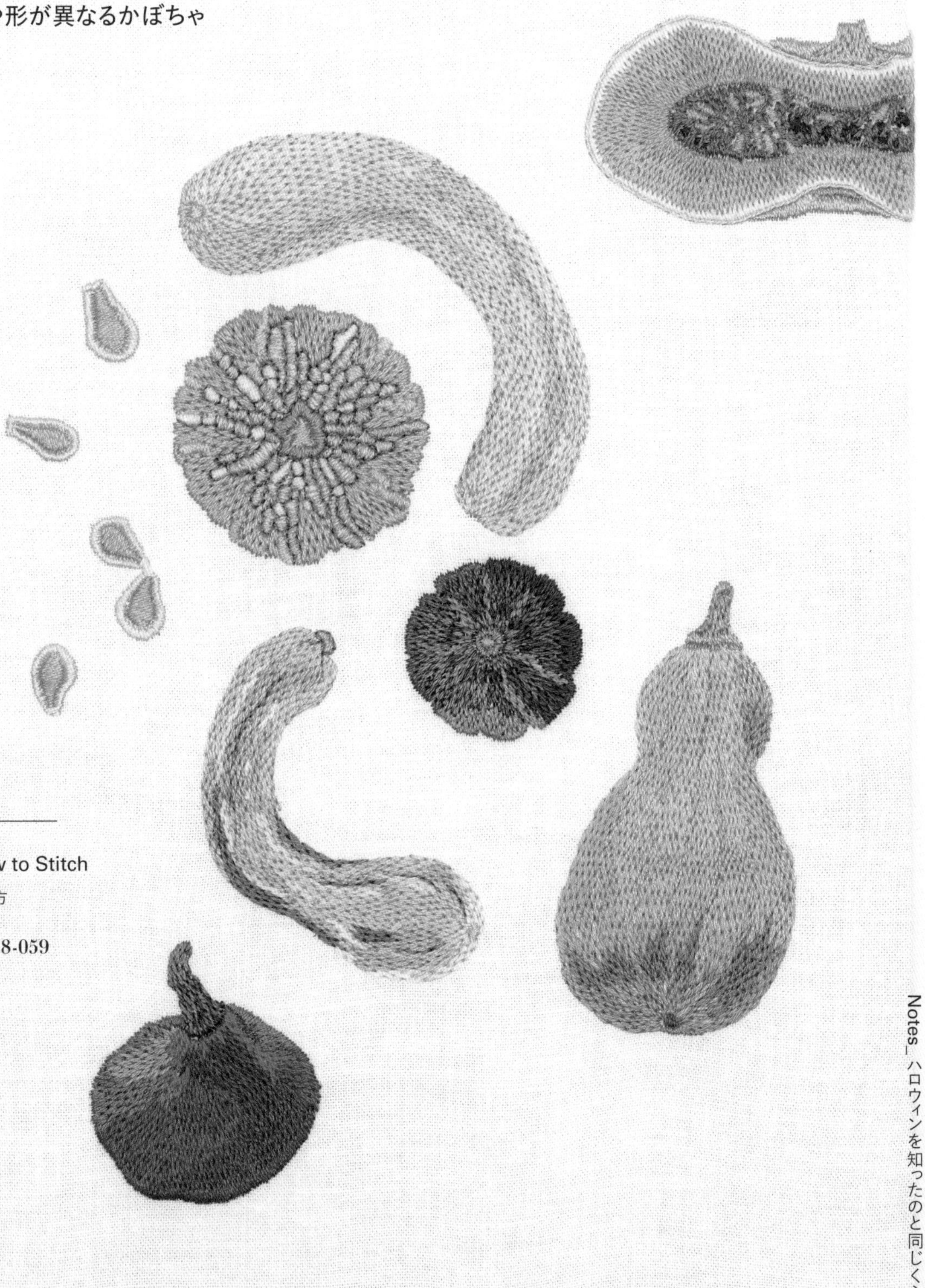

How to Stitch
刺し方

Pattern ——— p.114

図案

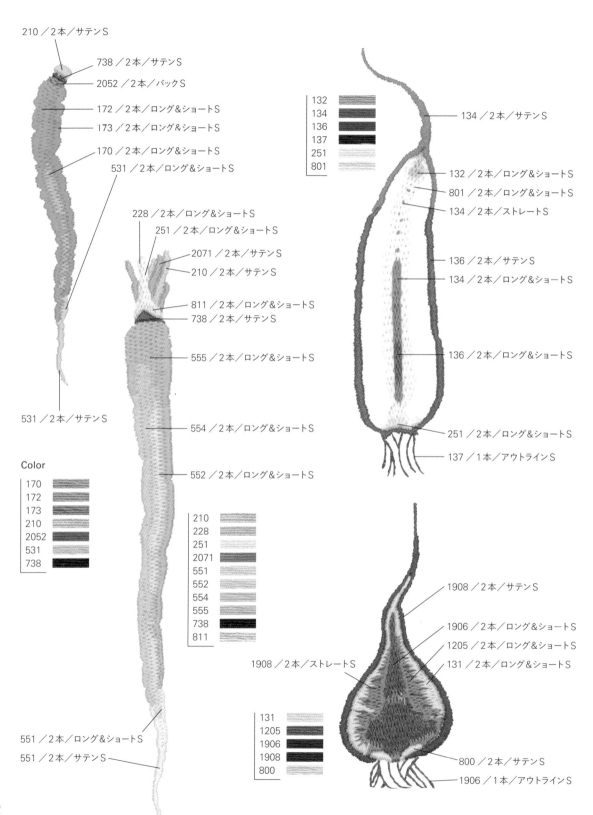

210 ／ 2本／サテンS

738 ／ 2本／サテンS

2052 ／ 2本／バックS

172 ／ 2本／ロング＆ショートS

173 ／ 2本／ロング＆ショートS

170 ／ 2本／ロング＆ショートS

531 ／ 2本／ロング＆ショートS

531 ／ 2本／サテンS

228 ／ 2本／ロング＆ショートS

251 ／ 2本／ロング＆ショートS

2071 ／ 2本／サテンS

210 ／ 2本／サテンS

811 ／ 2本／ロング＆ショートS

738 ／ 2本／サテンS

555 ／ 2本／ロング＆ショートS

554 ／ 2本／ロング＆ショートS

552 ／ 2本／ロング＆ショートS

551 ／ 2本／ロング＆ショートS

551 ／ 2本／サテンS

Color

170	
172	
173	
210	
2052	
531	
738	

210	
228	
251	
2071	
551	
552	
554	
555	
738	
811	

132	
134	
136	
137	
251	
801	

134 ／ 2本／サテンS

132 ／ 2本／ロング＆ショートS

801 ／ 2本／ロング＆ショートS

134 ／ 2本／ストレートS

136 ／ 2本／サテンS

134 ／ 2本／ロング＆ショートS

136 ／ 2本／ロング＆ショートS

251 ／ 2本／ロング＆ショートS

137 ／ 1本／アウトラインS

1908 ／ 2本／サテンS

1906 ／ 2本／ロング＆ショートS

1205 ／ 2本／ロング＆ショートS

131 ／ 2本／ロング＆ショートS

1908 ／ 2本／ストレートS

800 ／ 2本／サテンS

1906 ／ 1本／アウトラインS

131	
1205	
1906	
1908	
800	

056

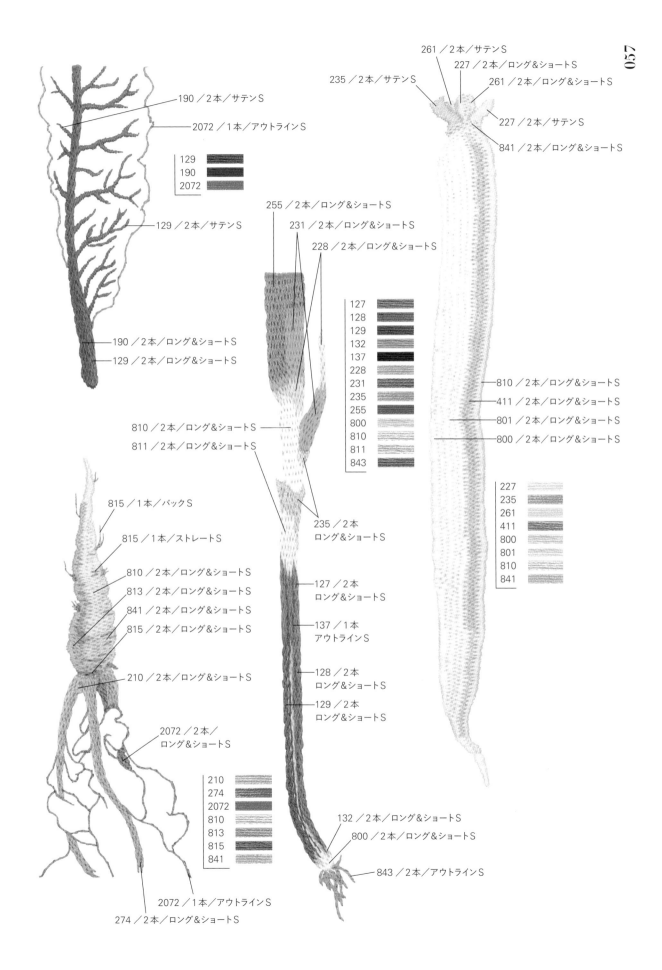

190 ／2本／サテン S

2072 ／1本／アウトライン S

129	
190	
2072	

129 ／2本／サテン S

190 ／2本／ロング＆ショート S

129 ／2本／ロング＆ショート S

261 ／2本／サテン S

227 ／2本／ロング＆ショート S

235 ／2本／サテン S

261 ／2本／ロング＆ショート S

227 ／2本／サテン S

841 ／2本／ロング＆ショート S

255 ／2本／ロング＆ショート S

231 ／2本／ロング＆ショート S

228 ／2本／ロング＆ショート S

127	
128	
129	
132	
137	
228	
231	
235	
255	
800	
810	
811	
843	

810 ／2本／ロング＆ショート S

411 ／2本／ロング＆ショート S

801 ／2本／ロング＆ショート S

800 ／2本／ロング＆ショート S

810 ／2本／ロング＆ショート S

811 ／2本／ロング＆ショート S

235 ／2本
ロング＆ショート S

127 ／2本
ロング＆ショート S

137 ／1本
アウトライン S

128 ／2本
ロング＆ショート S

129 ／2本
ロング＆ショート S

227	
235	
261	
411	
800	
801	
810	
841	

815 ／1本／バック S

815 ／1本／ストレート S

810 ／2本／ロング＆ショート S

813 ／2本／ロング＆ショート S

841 ／2本／ロング＆ショート S

815 ／2本／ロング＆ショート S

210 ／2本／ロング＆ショート S

2072 ／2本／
ロング＆ショート S

210	
274	
2072	
810	
813	
815	
841	

132 ／2本／ロング＆ショート S

800 ／2本／ロング＆ショート S

843 ／2本／アウトライン S

2072 ／1本／アウトライン S

274 ／2本／ロング＆ショート S

How to Stitch
刺し方

Pattern ——— p.115
図案

Color

202	
204	
236	
2071	
5205	
561	
722	
733	
735	
842	

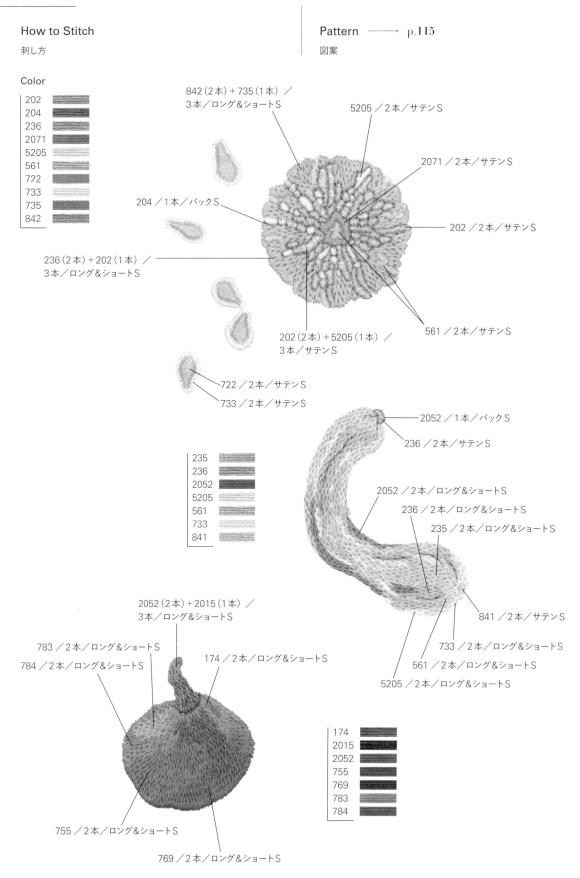

842(2本)＋735(1本)／
3本／ロング＆ショートS

5205／2本／サテンS

2071／2本／サテンS

204／1本／バックS

202／2本／サテンS

236(2本)＋202(1本)／
3本／ロング＆ショートS

561／2本／サテンS

202(2本)＋5205(1本)／
3本／サテンS

722／2本／サテンS
733／2本／サテンS

235	
236	
2052	
5205	
561	
733	
841	

2052／1本／バックS
236／2本／サテンS

2052／2本／ロング＆ショートS
236／2本／ロング＆ショートS
235／2本／ロング＆ショートS

841／2本／サテンS

2052(2本)＋2015(1本)／
3本／ロング＆ショートS

733／2本／ロング＆ショートS
561／2本／ロング＆ショートS
5205／2本／ロング＆ショートS

783／2本／ロング＆ショートS
784／2本／ロング＆ショートS

174／2本／ロング＆ショートS

755／2本／ロング＆ショートS

769／2本／ロング＆ショートS

174	
2015	
2052	
755	
769	
783	
784	

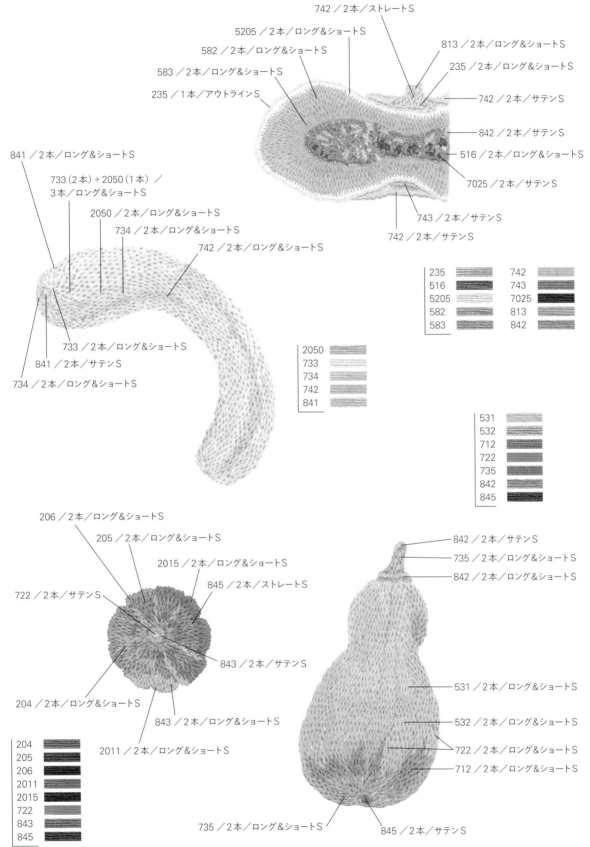

742／2本／ストレートS

5205／2本／ロング＆ショートS

582／2本／ロング＆ショートS

813／2本／ロング＆ショートS

583／2本／ロング＆ショートS

235／2本／ロング＆ショートS

235／1本／アウトラインS

742／2本／サテンS

842／2本／サテンS

516／2本／ロング＆ショートS

7025／2本／サテンS

743／2本／サテンS

742／2本／サテンS

841／2本／ロング＆ショートS

733（2本）＋2050（1本）／
3本／ロング＆ショートS

2050／2本／ロング＆ショートS

734／2本／ロング＆ショートS

742／2本／ロング＆ショートS

733／2本／ロング＆ショートS

841／2本／サテンS

734／2本／ロング＆ショートS

235	742
516	743
5205	7025
582	813
583	842

2050
733
734
742
841

531
532
712
722
735
842
845

206／2本／ロング＆ショートS

205／2本／ロング＆ショートS

2015／2本／ロング＆ショートS

845／2本／ストレートS

722／2本／サテンS

843／2本／サテンS

204／2本／ロング＆ショートS

843／2本／ロング＆ショートS

2011／2本／ロング＆ショートS

204
205
206
2011
2015
722
843
845

842／2本／サテンS

735／2本／ロング＆ショートS

842／2本／ロング＆ショートS

531／2本／ロング＆ショートS

532／2本／ロング＆ショートS

722／2本／ロング＆ショートS

712／2本／ロング＆ショートS

735／2本／ロング＆ショートS

845／2本／サテンS

Chapter 4

—

Aves

鳥類

ほんとうは、鳥が苦手。

小学生の頃、学校で飼っていたにわとりに追いかけられたのがトラウマです。

飛ばないと思っていたにわとりが飛んだのです。

嘴が硬そうで怖い。手足の爪が長くて引っ掻かれそう。

何かの気の迷いで行った鳥類公園のようなところでは、大人なのに半泣きでした。

でも、写真や映像で見る鳥には優雅でいいなっとか、

なんてきれいなんだろうと思ったりもします。

自分でも不思議です。

飛ぶことへの憧れもあるから羨ましい気持ちもありますが、

やっぱり仲良くできる自信はありません。

WORK no.025
—
Pyrrhula pyrrhula

ウソ

Notes_ ウソはよくない。こんなにきれいなのに、『ウソ』という名前をつけられてしまってかわいそうに思う。

How to Stitch

刺し方

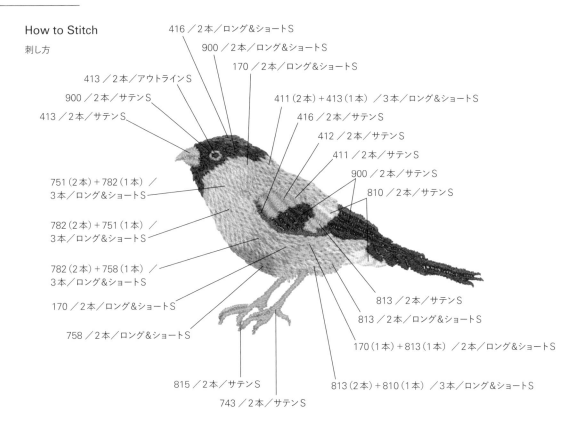

416 ／2本／ロング＆ショートS
900 ／2本／ロング＆ショートS
170 ／2本／ロング＆ショートS
413 ／2本／アウトラインS
900 ／2本／サテンS
413 ／2本／サテンS
411（2本）＋413（1本）／3本／ロング＆ショートS
416 ／2本／サテンS
412 ／2本／サテンS
411 ／2本／サテンS
900 ／2本／サテンS
810 ／2本／サテンS
751（2本）＋782（1本）／3本／ロング＆ショートS
782（2本）＋751（1本）／3本／ロング＆ショートS
782（2本）＋758（1本）／3本／ロング＆ショートS
170 ／2本／ロング＆ショートS
813 ／2本／サテンS
813 ／2本／ロング＆ショートS
758 ／2本／ロング＆ショートS
170（1本）＋813（1本）／2本／ロング＆ショートS
815 ／2本／サテンS
813（2本）＋810（1本）／3本／ロング＆ショートS
743 ／2本／サテンS

Color

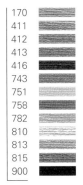

| 170 |
| 411 |
| 412 |
| 413 |
| 416 |
| 743 |
| 751 |
| 758 |
| 782 |
| 810 |
| 813 |
| 815 |
| 900 |

オオフラミンゴ

Notes_ 遠目にフラミンゴを見て、かわいい！っと思って近づくと、目がちょっと怖い。ヤギの目をはじめて見たときの気持ちにいつもなる。

How to Stitch
刺し方

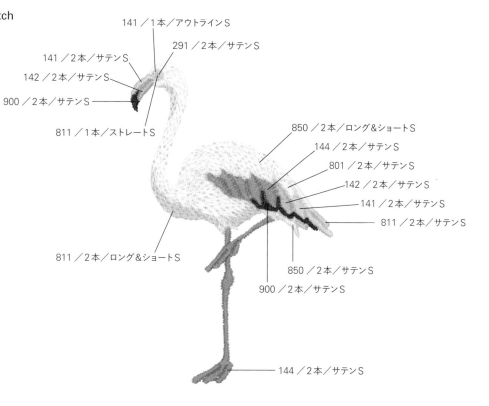

141／1本／アウトラインS

291／2本／サテンS

141／2本／サテンS

142／2本／サテンS

900／2本／サテンS

811／1本／ストレートS

850／2本／ロング＆ショートS

144／2本／サテンS

801／2本／サテンS

142／2本／サテンS

141／2本／サテンS

811／2本／サテンS

811／2本／ロング＆ショートS

850／2本／サテンS

900／2本／サテンS

144／2本／サテンS

Color

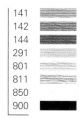

| 141 |
| 142 |
| 144 |
| 291 |
| 801 |
| 811 |
| 850 |
| 900 |

WORK no.027

—

Aptenodytes forsteri

コウテイペンギン

Notes_ ペンギンがお腹でスイーーーーーーーーーっと滑るところを見ると、いいものを見たなっと嬉しくなる。

How to Stitch
刺し方

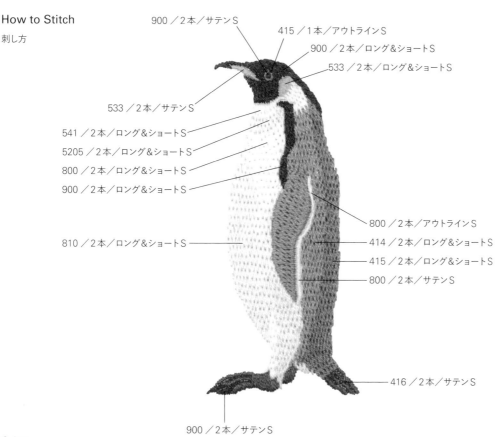

900 ／2本／サテンS

415 ／1本／アウトラインS

900 ／2本／ロング＆ショートS

533 ／2本／ロング＆ショートS

533 ／2本／サテンS

541 ／2本／ロング＆ショートS

5205 ／2本／ロング＆ショートS

800 ／2本／ロング＆ショートS

900 ／2本／ロング＆ショートS

810 ／2本／ロング＆ショートS

800 ／2本／アウトラインS

414 ／2本／ロング＆ショートS

415 ／2本／ロング＆ショートS

800 ／2本／サテンS

416 ／2本／サテンS

900 ／2本／サテンS

Color

414	
415	
416	
5205	
533	
541	
800	
810	
900	

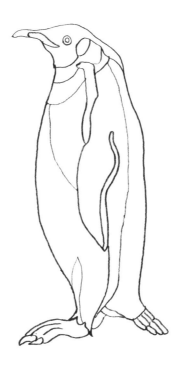

How to Stitch
刺し方

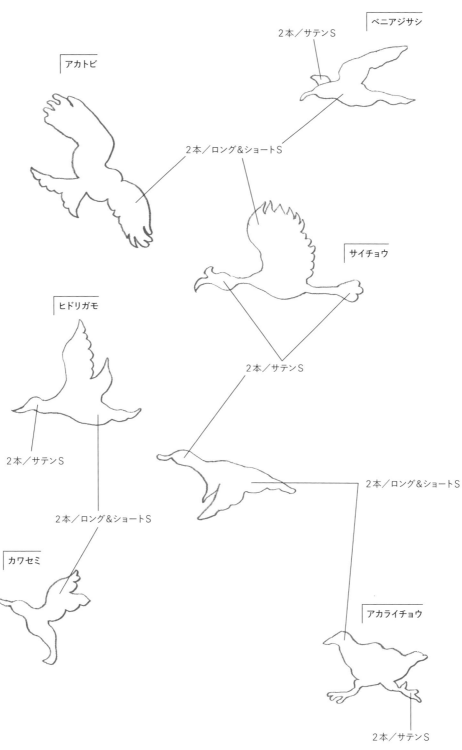

ベニアジサシ

2本／サテンS

アカトビ

2本／ロング＆ショートS

サイチョウ

ヒドリガモ

2本／サテンS

2本／サテンS

2本／ロング＆ショートS

2本／ロング＆ショートS

カワセミ

アカライチョウ

2本／サテンS

Color

| 900 | ■■■■■ |

※糸の色番号はすべて900

How to Stitch

刺し方

アオカケスの羽根

Color

316	
318	
3043	
412	
416	
440	
801	
811	
900	

Pattern ⟶ p.116

図案

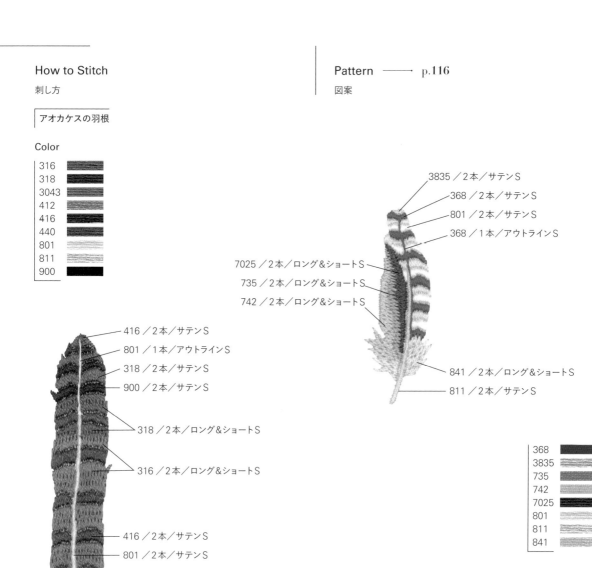

3835 ／ 2本／サテンS
368 ／ 2本／サテンS
801 ／ 2本／サテンS
368 ／ 1本／アウトラインS

7025 ／ 2本／ロング＆ショートS
735 ／ 2本／ロング＆ショートS
742 ／ 2本／ロング＆ショートS

841 ／ 2本／ロング＆ショートS
811 ／ 2本／サテンS

416 ／ 2本／サテンS
801 ／ 1本／アウトラインS
318 ／ 2本／サテンS
900 ／ 2本／サテンS

318 ／ 2本／ロング＆ショートS

316 ／ 2本／ロング＆ショートS

416 ／ 2本／サテンS
801 ／ 2本／サテンS

440 ／ 2本／サテンS

3043 ／ 2本／ロング＆ショートS
900 ／ 2本／サテンS
412 ／ 2本／ロング＆ショートS
811 ／ 2本／サテンS

368	
3835	
735	
742	
7025	
801	
811	
841	

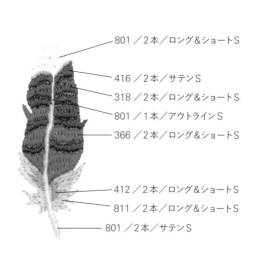

801 ／ 2本／ロング＆ショートS

416 ／ 2本／サテンS
318 ／ 2本／ロング＆ショートS
801 ／ 1本／アウトラインS
366 ／ 2本／ロング＆ショートS

412 ／ 2本／ロング＆ショートS
811 ／ 2本／ロング＆ショートS

801 ／ 2本／サテンS

318	
366	
412	
416	
801	
811	

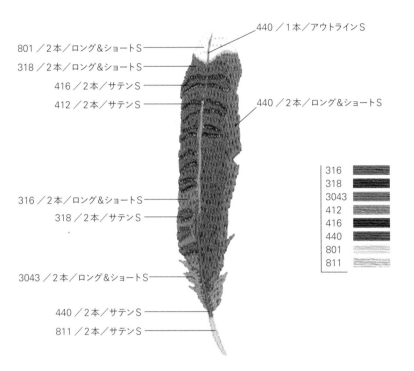

440／1本／アウトラインS

801／2本／ロング＆ショートS

318／2本／ロング＆ショートS

416／2本／サテンS

412／2本／サテンS

440／2本／ロング＆ショートS

316／2本／ロング＆ショートS

318／2本／サテンS

316	
318	
3043	
412	
416	
440	
801	
811	

3043／2本／ロング＆ショートS

440／2本／サテンS

811／2本／サテンS

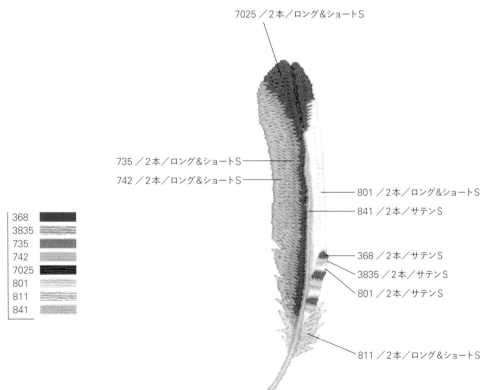

7025／2本／ロング＆ショートS

735／2本／ロング＆ショートS

742／2本／ロング＆ショートS

801／2本／ロング＆ショートS

841／2本／サテンS

368	
3835	
735	
742	
7025	
801	
811	
841	

368／2本／サテンS

3835／2本／サテンS

801／2本／サテンS

811／2本／ロング＆ショートS

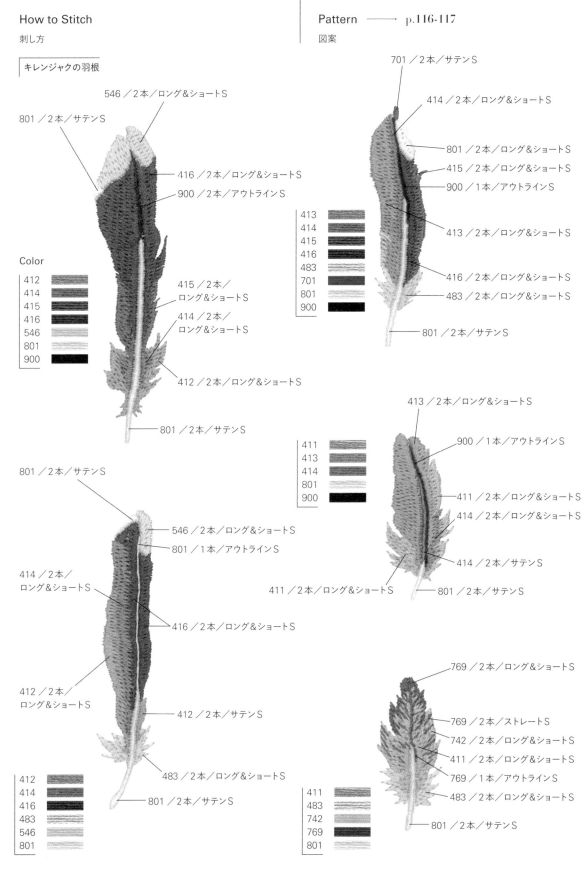

How to Stitch

刺し方

| キレンジャクの羽根 |

546 ／2本／ロング＆ショートS

801 ／2本／サテンS

416 ／2本／ロング＆ショートS

900 ／2本／アウトラインS

Color

| 412 |
| 414 |
| 415 |
| 416 |
| 546 |
| 801 |
| 900 |

415 ／2本／
ロング＆ショートS

414 ／2本／
ロング＆ショートS

412 ／2本／ロング＆ショートS

801 ／2本／サテンS

801 ／2本／サテンS

546 ／2本／ロング＆ショートS

801 ／1本／アウトラインS

414 ／2本／
ロング＆ショートS

416 ／2本／ロング＆ショートS

412 ／2本／
ロング＆ショートS

412 ／2本／サテンS

483 ／2本／ロング＆ショートS

801 ／2本／サテンS

| 412 |
| 414 |
| 416 |
| 483 |
| 546 |
| 801 |

Pattern ──→ p.116-117

図案

701 ／2本／サテンS

414 ／2本／ロング＆ショートS

801 ／2本／ロング＆ショートS

415 ／2本／ロング＆ショートS

900 ／1本／アウトラインS

413 ／2本／ロング＆ショートS

416 ／2本／ロング＆ショートS

483 ／2本／ロング＆ショートS

| 413 |
| 414 |
| 415 |
| 416 |
| 483 |
| 701 |
| 801 |
| 900 |

801 ／2本／サテンS

413 ／2本／ロング＆ショートS

900 ／1本／アウトラインS

411 ／2本／ロング＆ショートS

414 ／2本／ロング＆ショートS

414 ／2本／サテンS

411 ／2本／ロング＆ショートS

801 ／2本／サテンS

| 411 |
| 413 |
| 414 |
| 801 |
| 900 |

769 ／2本／ロング＆ショートS

769 ／2本／ストレートS

742 ／2本／ロング＆ショートS

411 ／2本／ロング＆ショートS

769 ／1本／アウトラインS

483 ／2本／ロング＆ショートS

801 ／2本／サテンS

| 411 |
| 483 |
| 742 |
| 769 |
| 801 |

セイランの羽根

503
738
801
811
841

738／2本／サテンS
503／2本／サテンS

811／2本／ロング＆ショートS
841／2本／ロング＆ショートS
801／2本／サテンS

842／2本／ストレートS

844／2本／ロング＆ショートS
900／2本／アウトラインS
825／2本／ロング＆ショートS
7025／2本／ロング＆ショートS
739／2本／ロング＆ショートS

7025／2本／サテンS
845／2本／サテンS
563／2本／サテンS

900／2本／サテンS
811／2本／ロング＆ショートS

722／2本／サテンS

563
722
7025
811
845
900

900／2本／サテンS

841／2本／サテンS

811／2本／ロング＆ショートS

845／2本／サテンS

739／2本／サテンS
522／2本／サテンS

900／2本／サテンS
841／2本／ロング＆ショートS
811／2本／ロング＆ショートS

801／2本／サテンS

522
739
801
811
841
900

739
7025
811
825
841
842
844
845
900

Pattern ——→ p.117

図案

ヤツガシラの羽根

Color

413	
415	
416	
452	
801	
850	
900	

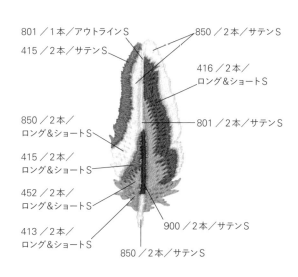

801／1本／アウトラインS

415／2本／サテンS

850／2本／サテンS

416／2本／
ロング＆ショートS

850／2本／
ロング＆ショートS

801／2本／サテンS

415／2本／
ロング＆ショートS

452／2本／
ロング＆ショートS

413／2本／
ロング＆ショートS

900／2本／サテンS

850／2本／サテンS

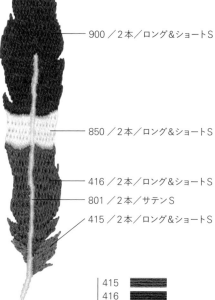

900／2本／ロング＆ショートS

850／2本／ロング＆ショートS

416／2本／ロング＆ショートS

801／2本／サテンS

415／2本／ロング＆ショートS

415	
416	
801	
850	
900	

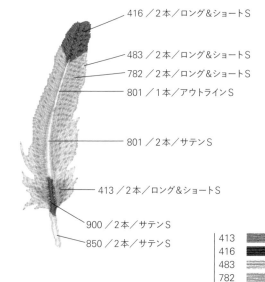

416／2本／ロング＆ショートS

483／2本／ロング＆ショートS

782／2本／ロング＆ショートS

801／1本／アウトラインS

801／2本／サテンS

413／2本／ロング＆ショートS

900／2本／サテンS

850／2本／サテンS

413	
416	
483	
782	
801	
850	
900	

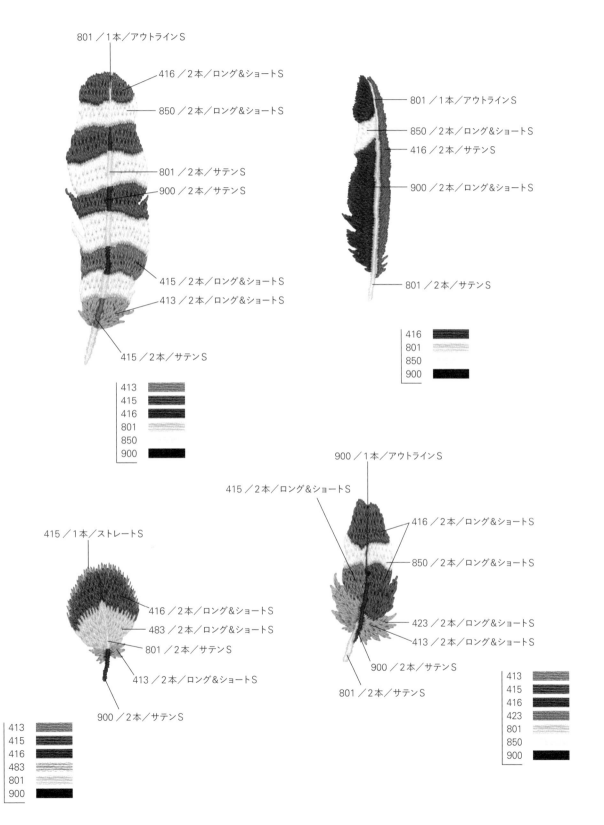

801／1本／アウトラインS

416／2本／ロング＆ショートS

850／2本／ロング＆ショートS

801／2本／サテンS

900／2本／サテンS

415／2本／ロング＆ショートS

413／2本／ロング＆ショートS

415／2本／サテンS

413	
415	
416	
801	
850	
900	

801／1本／アウトラインS

850／2本／ロング＆ショートS

416／2本／サテンS

900／2本／ロング＆ショートS

801／2本／サテンS

416	
801	
850	
900	

415／1本／ストレートS

416／2本／ロング＆ショートS

483／2本／ロング＆ショートS

801／2本／サテンS

413／2本／ロング＆ショートS

900／2本／サテンS

413	
415	
416	
483	
801	
900	

900／1本／アウトラインS

415／2本／ロング＆ショートS

416／2本／ロング＆ショートS

850／2本／ロング＆ショートS

423／2本／ロング＆ショートS

413／2本／ロング＆ショートS

900／2本／サテンS

801／2本／サテンS

413	
415	
416	
423	
801	
850	
900	

Chapter 5

—

Amphibia & Reptilia

両生類と爬虫類

なぜかヤモリやイモリやカエルを見ると、わぁ!っと嬉しくなります。

小さな頃はアマガエルを見つけるとつかまえて遊んでいました。

あの独特の肌質がほかのなにものにもない質感でたまらなくすきでした。

いろんな種類や色、かたちの両生類や爬虫類がいることを知って、

もし一緒に暮らすならカメレオンがいいと思っていた時期もありました。

温度管理や餌やりが大変だと知って、すぐに諦めましたが、

今でも行ったことのないジャングルや砂漠で暮らす

色鮮やかな動物を見るのがすきです。

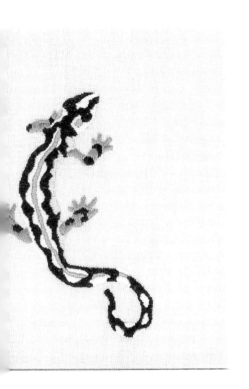

WORK no.030
—
Neurergus kaiseri

カイザーツエイモリ

Notes_ 近所のおしゃれなおねえさんが、トカゲのマークのブランドのボーダーのカットソーを着ていて、その頃からわたしの中で、トカゲやイモリはおしゃれな動物に分類している。

How to Stitch

刺し方

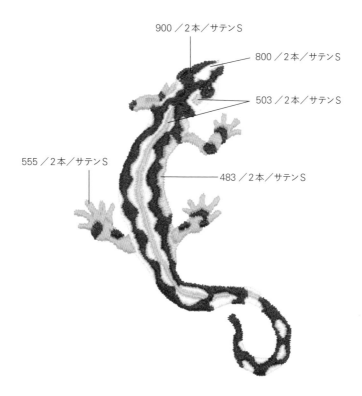

900／2本／サテンS

800／2本／サテンS

503／2本／サテンS

555／2本／サテンS

483／2本／サテンS

Color

483	
503	
555	
800	
900	

WORK no.031
—
Ameerega cainarachi

カイナラチヤドクガエル

Notes_ 大学生の頃、いつもカエルのTシャツを着ている同級生がいた。とくに仲がよかったわけではないけれど、カエルのイラストを見ると思い出す。げんきにしてるかな。

How to Stitch

刺し方

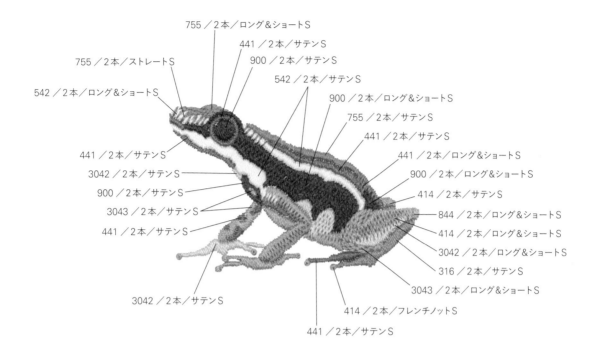

755 ／2本／ロング＆ショートS
441 ／2本／サテンS
900 ／2本／サテンS
755 ／2本／ストレートS
542 ／2本／サテンS
542 ／2本／ロング＆ショートS
900 ／2本／ロング＆ショートS
755 ／2本／サテンS
441 ／2本／サテンS
441 ／2本／サテンS
441 ／2本／ロング＆ショートS
3042 ／2本／サテンS
900 ／2本／ロング＆ショートS
900 ／2本／サテンS
414 ／2本／サテンS
3043 ／2本／サテンS
844 ／2本／ロング＆ショートS
441 ／2本／サテンS
414 ／2本／ロング＆ショートS
3042 ／2本／ロング＆ショートS
316 ／2本／サテンS
3043 ／2本／ロング＆ショートS
3042 ／2本／サテンS
414 ／2本／フレンチノットS
441 ／2本／サテンS

Color

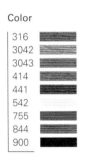

| 316 |
| 3042 |
| 3043 |
| 414 |
| 441 |
| 542 |
| 755 |
| 844 |
| 900 |

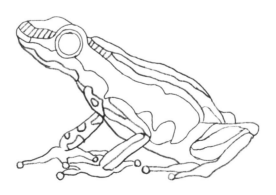

WORK no.032
—
Vipera berus

ヨーロッパクサリヘビ

Notes_ 旅行先で蛇を首に巻いて撮った写真はよく目にするけど、わたしはまだ未経験。巻いてみたいきもち8割。

How to Stitch
刺し方

3043 ／1本／アウトライン S

486 ／2本／サテン S

487 ／2本／サテン S

441 ／2本／サテン S

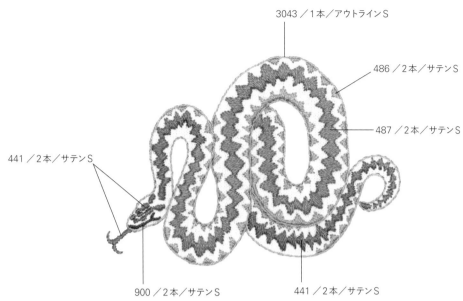

900 ／2本／サテン S

441 ／2本／サテン S

Color

3043
441
486
487
900

Chapter 6

—

Fishes & Mammalian

魚類と哺乳類

動物園や水族館がすきです。

理由はよくわからないけど、人と違って自分の欲求に

素直なところが見ていておもしろいのかもしれません。

哺乳類は擬人化して見ているのに対して、

魚類はあまり擬人化して見ていないことに最近気がつきました。

なんでだろう?

たまにおじさんみたいな魚を見ると擬人化して見たりすることもあるけど

哺乳類に比べたらとても少ない。

やっぱり人間も哺乳類だからなのかしら?

WORK no.033
—
Labrus mixtus

ククーラス

Notes_ 小学生の頃、毎年のように行っていたおばあちゃんの家の近くの海。そこは本当に水がきれいで、小さなかわいい魚がいたから、泳ぎが得意ではないわたしも浅瀬で魚を見ている

のが大好きだった。瑠璃色やオレンジ色の鮮やかな魚も印象的。

How to Stitch

刺し方

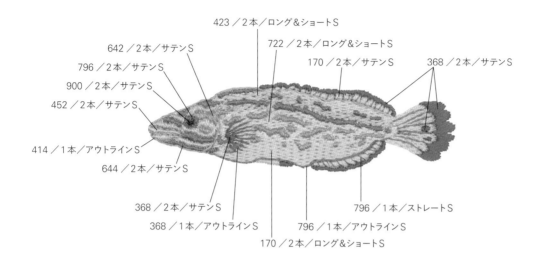

423／2本／ロング＆ショートS

722／2本／ロング＆ショートS

642／2本／サテンS

170／2本／サテンS

368／2本／サテンS

796／2本／サテンS

900／2本／サテンS

452／2本／サテンS

414／1本／アウトラインS

644／2本／サテンS

368／2本／サテンS

368／1本／アウトラインS

796／1本／ストレートS

796／1本／アウトラインS

170／2本／ロング＆ショートS

Color

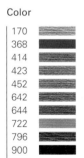

| 170 |
| 368 |
| 414 |
| 423 |
| 452 |
| 642 |
| 644 |
| 722 |
| 796 |
| 900 |

タイワンキンギョ

Notes_ 金魚という漢字は、小学生の早い段階で習う2文字からできている。金魚は身近な存在に思っていたけど、金がつくだけで、ちょっとありがたいなっと小さな頃から思っているのが少し恥ずかしい。ちなみに、タイワンキンギョは金魚とは種類が違う熱帯魚で、この色でこの金魚という漢字に当てはまる。

How to Stitch

刺し方

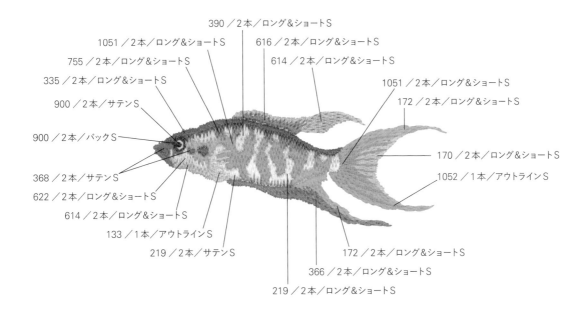

390／2本／ロング＆ショートS
1051／2本／ロング＆ショートS
755／2本／ロング＆ショートS
335／2本／ロング＆ショートS
900／2本／サテンS
900／2本／バックS
368／2本／サテンS
622／2本／ロング＆ショートS
614／2本／ロング＆ショートS
133／1本／アウトラインS
219／2本／サテンS

616／2本／ロング＆ショートS
614／2本／ロング＆ショートS
1051／2本／ロング＆ショートS
172／2本／ロング＆ショートS
170／2本／ロング＆ショートS
1052／1本／アウトラインS
172／2本／ロング＆ショートS
366／2本／ロング＆ショートS
219／2本／ロング＆ショートS

Color

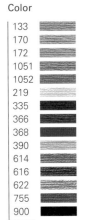

| 133 |
| 170 |
| 172 |
| 1051 |
| 1052 |
| 219 |
| 335 |
| 366 |
| 368 |
| 390 |
| 614 |
| 616 |
| 622 |
| 755 |
| 900 |

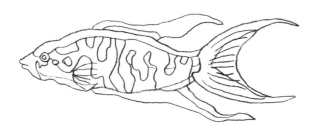

WORK no.035
—
Neofelis nebulosa

ウンピョウ

Notes_ トラとかヒョウとかネコ科の足の速い動物に惹かれる。筋肉や模様がかっこいい。自然界には人間の想像を超える過酷なことがあるのだろうけど、優雅さをまとって走る姿は本当に美しい。

How to Stitch
刺し方

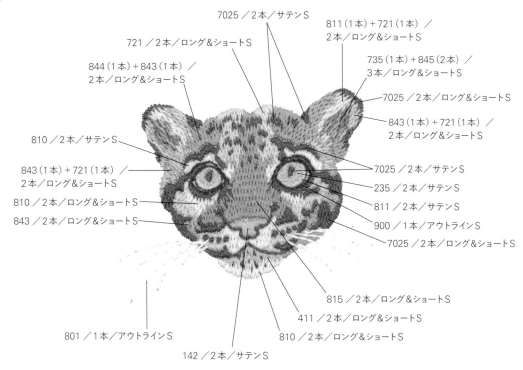

7025 ／2本／サテンS

811（1本）＋721（1本）／
2本／ロング＆ショートS

721 ／2本／ロング＆ショートS

735（1本）＋845（2本）／
3本／ロング＆ショートS

844（1本）＋843（1本）／
2本／ロング＆ショートS

7025 ／2本／ロング＆ショートS

843（1本）＋721（1本）／
2本／ロング＆ショートS

810 ／2本／サテンS

843（1本）＋721（1本）／
2本／ロング＆ショートS

7025 ／2本／サテンS

235 ／2本／サテンS

810 ／2本／ロング＆ショートS

811 ／2本／サテンS

843 ／2本／ロング＆ショートS

900 ／1本／アウトラインS

7025 ／2本／ロング＆ショートS

815 ／2本／ロング＆ショートS

411 ／2本／ロング＆ショートS

801 ／1本／アウトラインS

810 ／2本／ロング＆ショートS

142 ／2本／サテンS

Color

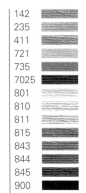

142	
235	
411	
721	
735	
7025	
801	
810	
811	
815	
843	
844	
845	
900	

ホッキョクグマ

Notes_ 動物園で見るホッキョクグマは、いつも気だるそうで眠そう。毛並みもなんだかくたびれているけど愛嬌がある。たまにそういうおじさんを電車で見かけるとがんばれっと声を

かけたくなる。大切な隣人。

WORK no.037
—
Tapirus indicus

マレーバク

How to Stitch —— p.099
刺し方

Notes_ はじめてバクを認識したのは歌か絵本の、バクは夢を食べるという物語。怖い夢を食べたらバクが具合悪くなるんじゃないの? いいものだって食べないと病気になるよ、っと子供心に思っていた。真相を聞いて、なんだか安心したのでした。

Large aquatic organisms

水の中の大きな生き物

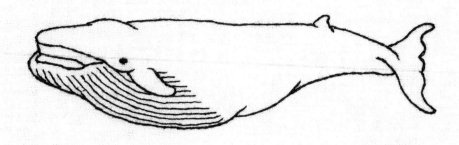

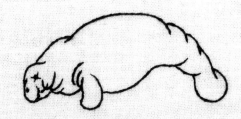

Notes_ 海は大きすぎて想像が及ばないところが多い。ドキュメンタリー番組や映画を観ても、大きすぎる〜っと思う。そんなところで暮らす気分ってどんなだろう。

How to Stitch
刺し方

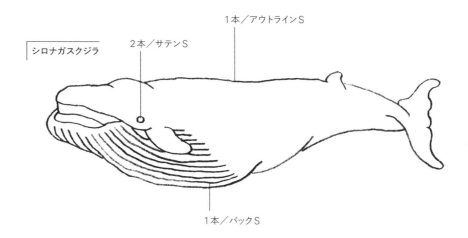

1本／アウトラインS

2本／サテンS

シロナガスクジラ

1本／バックS

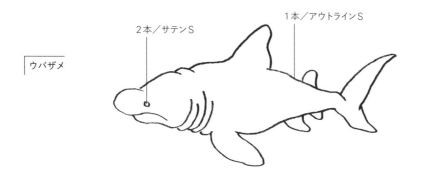

1本／アウトラインS

2本／サテンS

ウバザメ

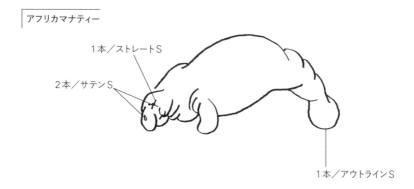

アフリカマナティー

1本／ストレートS

2本／サテンS

1本／アウトラインS

Color

900

※糸の色番号はすべて900

Ursus maritimus ——→ p.094

ホッキョクグマ

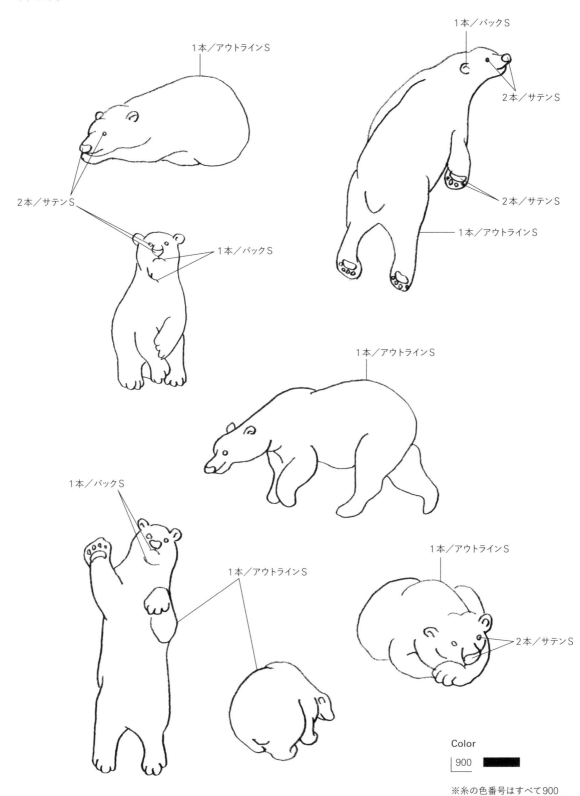

1本／アウトラインS

2本／サテンS

1本／バックS

1本／バックS

1本／バックS

2本／サテンS

1本／アウトラインS

1本／アウトラインS

1本／バックS

1本／アウトラインS

1本／アウトラインS

2本／サテンS

Color

| 900 | ████ |

※糸の色番号はすべて900

WORK no.037   Photo

Tapirus indicus   ——→   p.095

マレーバク

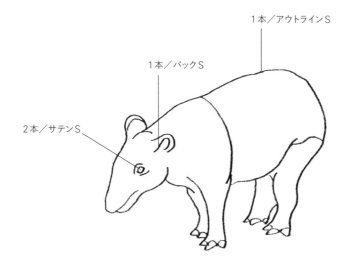

1本／アウトラインS

1本／バックS

2本／サテンS

Color

| 900 | ▬▬▬ |

※糸の色番号はすべて900

Insects ——→ p.024-025

昆虫

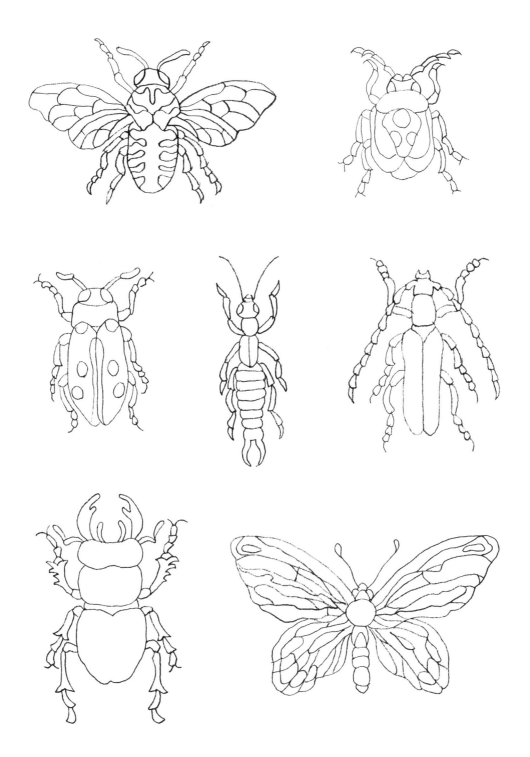

900／2本／サテンS

オオフタホシマグソコガネ

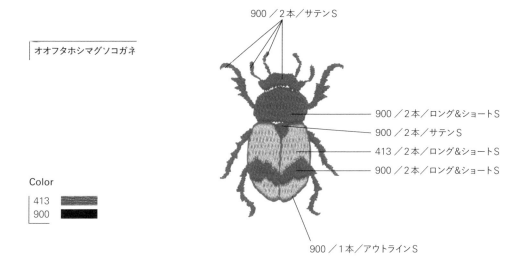

900／2本／ロング&ショートS

900／2本／サテンS

413／2本／ロング&ショートS

900／2本／ロング&ショートS

Color

| 413 | |
| 900 | |

900／1本／アウトラインS

415／2本／サテンS

900／2本／サテンS

アイヌテントウ

900／2本／サテンS

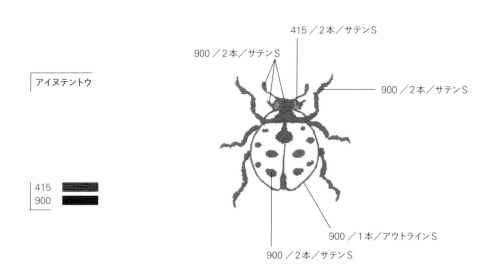

| 415 | |
| 900 | |

900／1本／アウトラインS

900／2本／サテンS

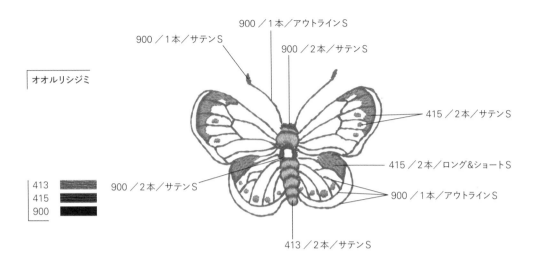

オオルリシジミ

900／1本／アウトラインS

900／1本／サテンS

900／2本／サテンS

415／2本／サテンS

415／2本／ロング&ショートS

900／1本／アウトラインS

900／2本／サテンS

413／2本／サテンS

413
415
900

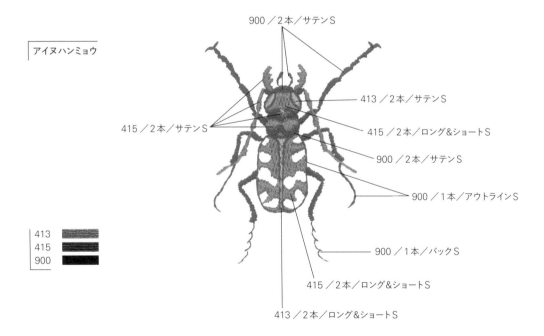

アイヌハンミョウ

900／2本／サテンS

413／2本／サテンS

415／2本／ロング&ショートS

900／2本／サテンS

415／2本／サテンS

900／1本／アウトラインS

900／1本／バックS

415／2本／ロング&ショートS

413／2本／ロング&ショートS

413
415
900

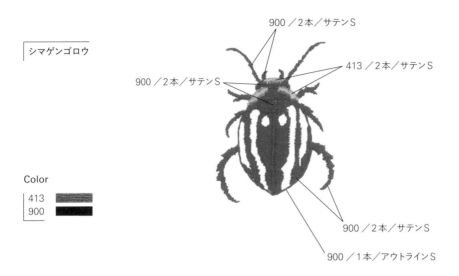

シマゲンゴロウ

900／2本／サテンS

413／2本／サテンS

900／2本／サテンS

Color
413
900

900／2本／サテンS

900／1本／アウトラインS

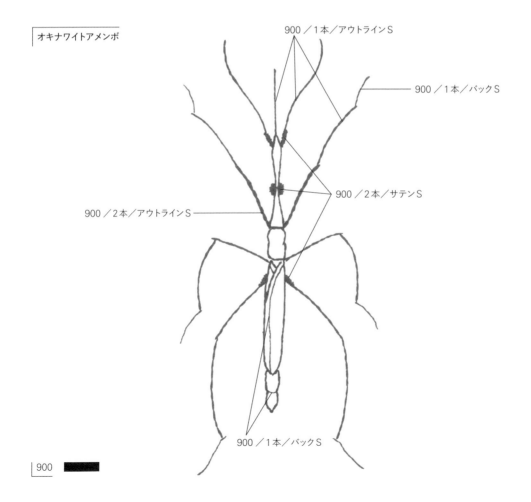

オキナワイトアメンボ

900／1本／アウトラインS

900／1本／バックS

900／2本／サテンS

900／2本／アウトラインS

900／1本／バックS

900

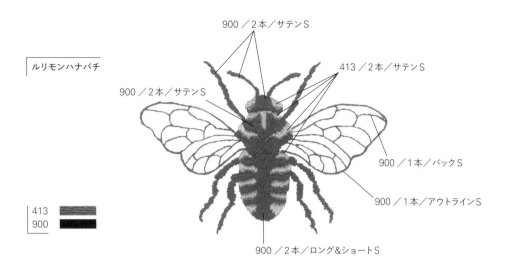

ルリモンハナバチ

900／2本／サテンS

413／2本／サテンS

900／2本／サテンS

900／1本／バックS

900／1本／アウトラインS

900／2本／ロング&ショートS

413
900

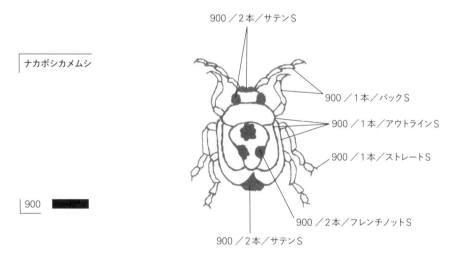

ナカボシカメムシ

900／2本／サテンS

900／1本／バックS

900／1本／アウトラインS

900／1本／ストレートS

900／2本／フレンチノットS

900／2本／サテンS

900

Insects —→ p.025

昆虫

ムツボシタマムシ

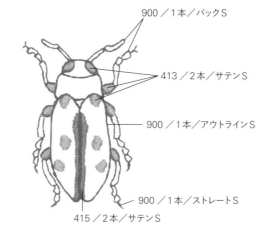

900／1本／バックS

413／2本／サテンS

900／1本／アウトラインS

900／1本／ストレートS

415／2本／サテンS

Color

413	
415	
900	

キバネハサミムシ

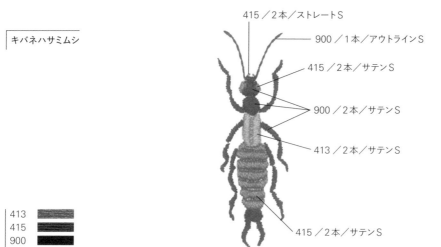

415／2本／ストレートS

900／1本／アウトラインS

415／2本／サテンS

900／2本／サテンS

413／2本／サテンS

415／2本／サテンS

413	
415	
900	

クズベニカミキリ

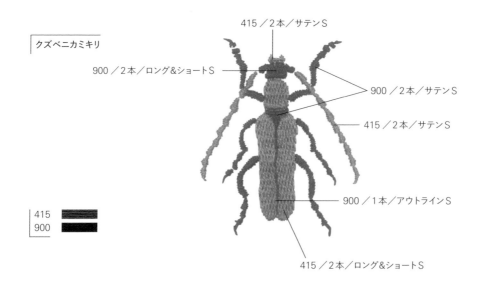

415／2本／サテンS

900／2本／ロング&ショートS

900／2本／サテンS

415／2本／サテンS

900／1本／アウトラインS

415／2本／ロング&ショートS

415	
900	

900／2本／サテンS

オオクワガタ

415／2本／サテンS

415
900

900／2本／ロング＆ショートS

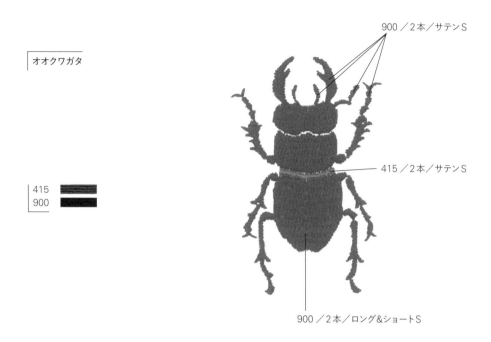

900／1本／サテンS

900／2本／ロング＆ショートS　　900／1本／アウトラインS

900／1本／アウトラインS

415／2本／サテンS

アレクサンドラトリバネアゲハ

415／2本／サテンS

413
415
900

415／2本／ロング＆ショートS

900／2本／サテンS　　413／2本／サテンS

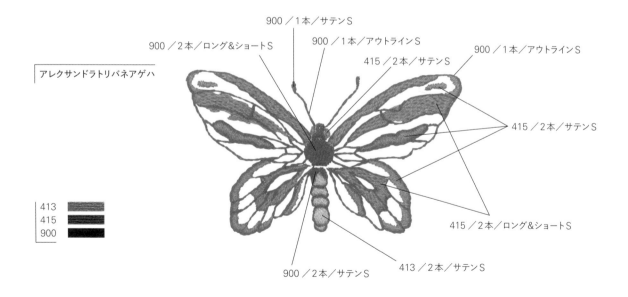

Rosa canina ——→ p.028

イヌバラ

Rosa canina ——→ p.030

キバナノアツモリソウ

WORK no.013   Photo

Primula sieboldii ——→ p.034

サクラソウ

WORK no.015   Photo

Silene uralensis ——→ p.038

タカネマンテマ

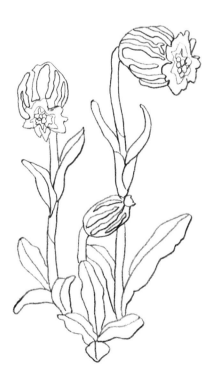

Galanthus L. ⟶ p.036

スノードロップ

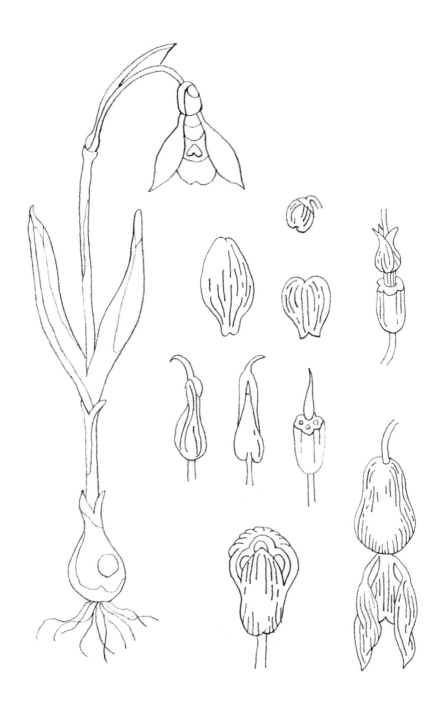

Mushrooms ⎯⎯⎯→ p.044

きのこ

イカタケ

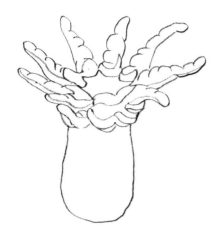

オオシロアリタケ

キリノミタケ

WORK no.021　　Photo

Seeds ⟶ p.052

種子

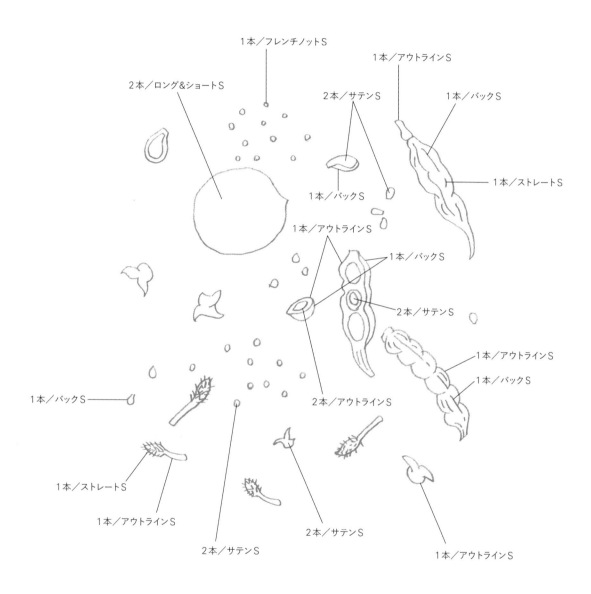

1本／フレンチノットS

1本／アウトラインS

2本／ロング＆ショートS

2本／サテンS

1本／バックS

1本／バックS

1本／ストレートS

1本／アウトラインS

1本／バックS

2本／サテンS

2本／アウトラインS

1本／アウトラインS

1本／バックS

1本／バックS

1本／ストレートS

1本／アウトラインS

2本／サテンS

2本／サテンS

1本／アウトラインS

Color

900　

※糸の色番号はすべて900

Rare vegetables with beautiful colors

色が美しい古来種野菜

↓

Photo

p.054

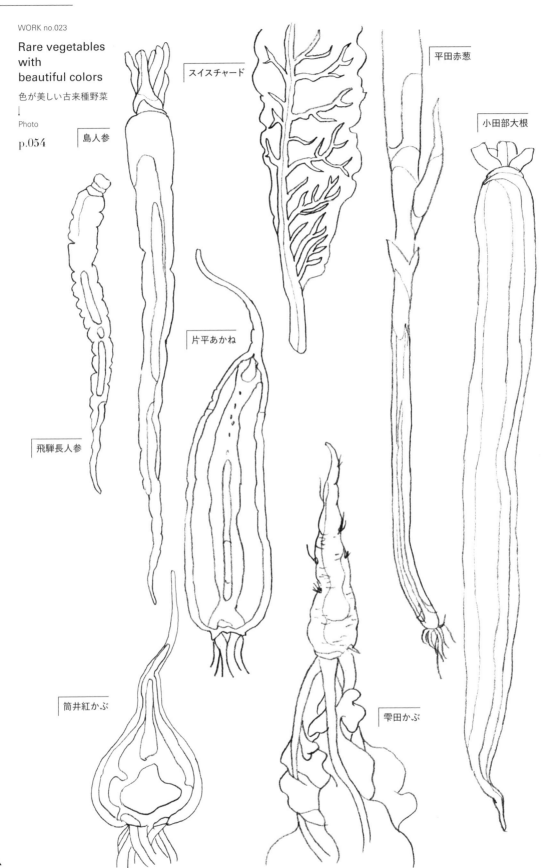

島人参

スイスチャード

平田赤葱

小田部大根

飛騨長人参

片平あかね

筒井紅かぶ

雫田かぶ

WORK no.024

Photo

Pumpkins of various colors and shapes —→ p.055

色や形が異なるかぼちゃ

三毛門南瓜

鶴首南瓜

縮緬南瓜

八媛在来南瓜

福島ミニ南瓜

打木赤南瓜

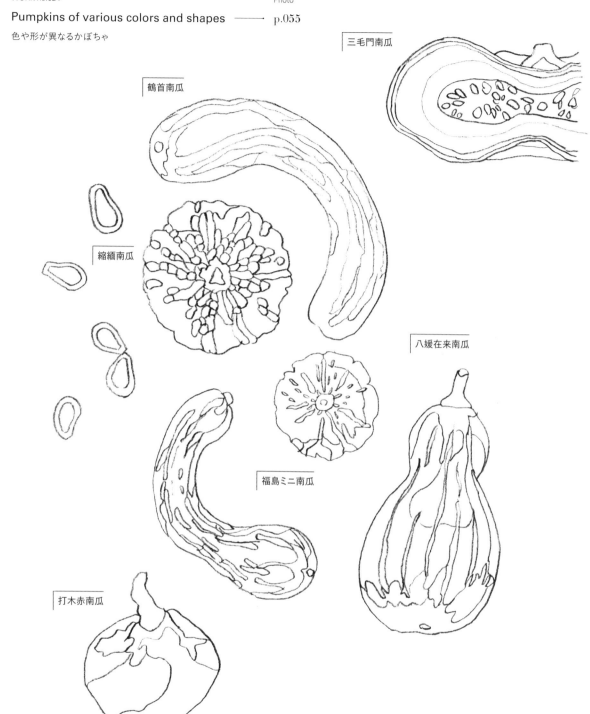

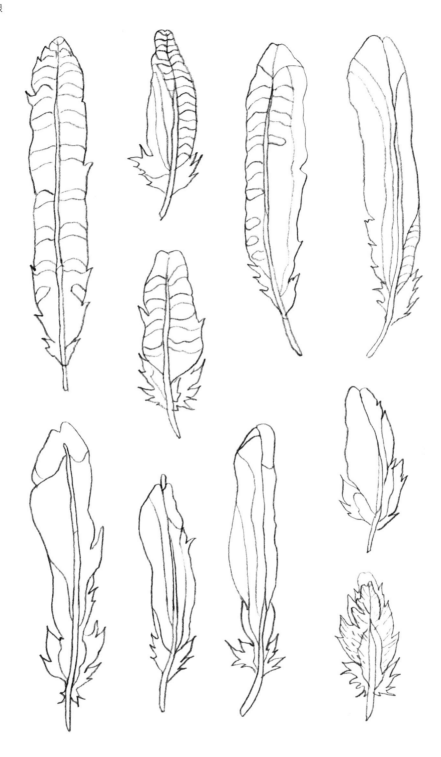

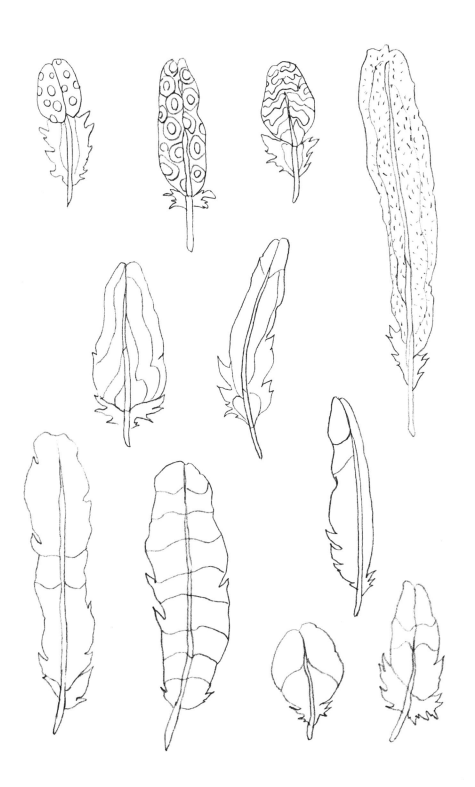

Photo

Rare vegetables with unique shapes ——→ p.053

形がおもしろい古来種野菜

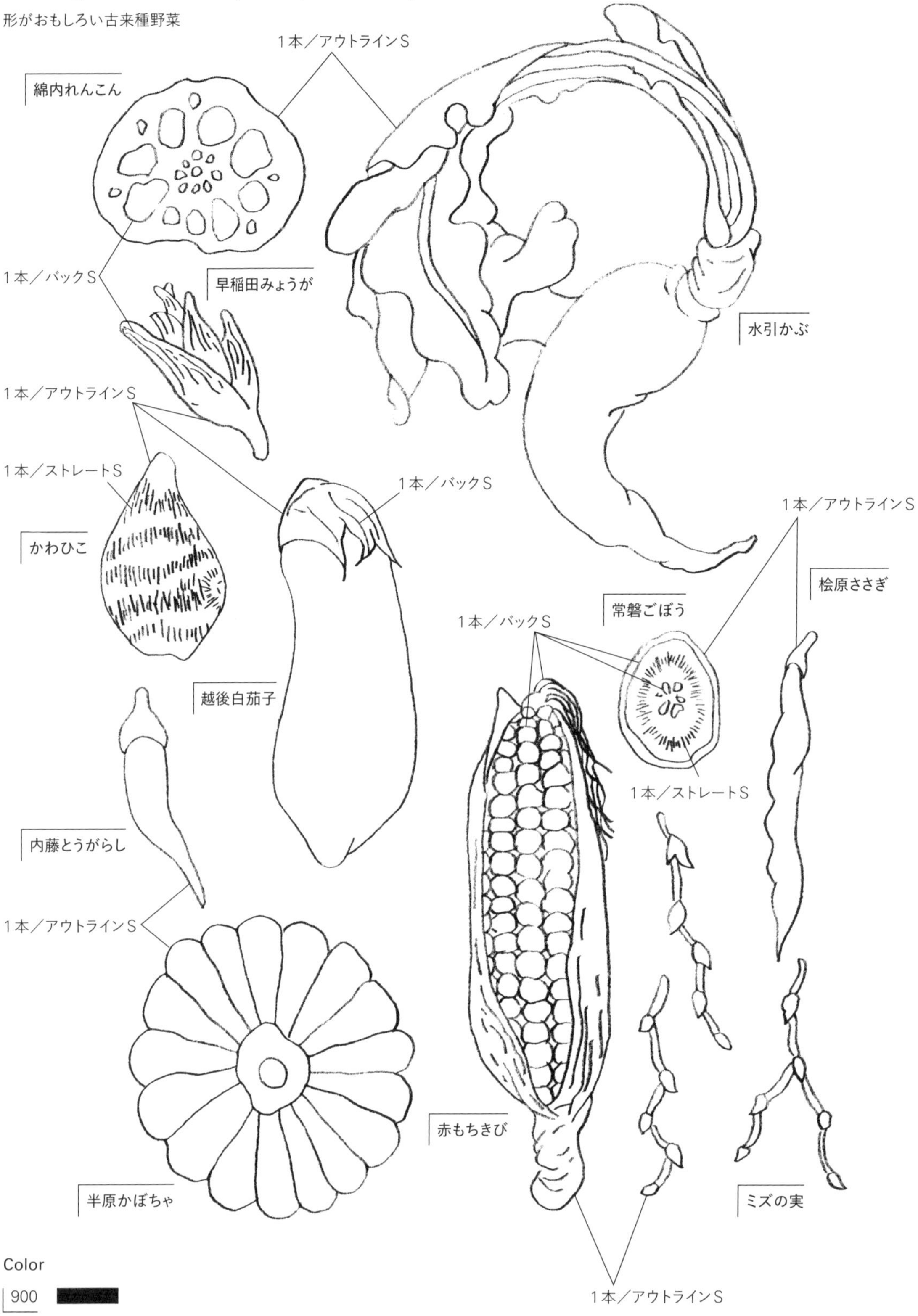

1本／アウトラインS

綿内れんこん

1本／バックS

早稲田みょうが

水引かぶ

1本／アウトラインS

1本／ストレートS

かわひこ

1本／バックS

越後白茄子

1本／アウトラインS

桧原ささぎ

1本／バックS

常磐ごぼう

1本／ストレートS

内藤とうがらし

1本／アウトラインS

赤もちきび

ミズの実

半原かぼちゃ

1本／アウトラインS

Color

| 900 |

※糸の色番号はすべて900

Chapter 7

—

Basic Knowledge of Embroidery

刺繍の基本

基本の道具と材料

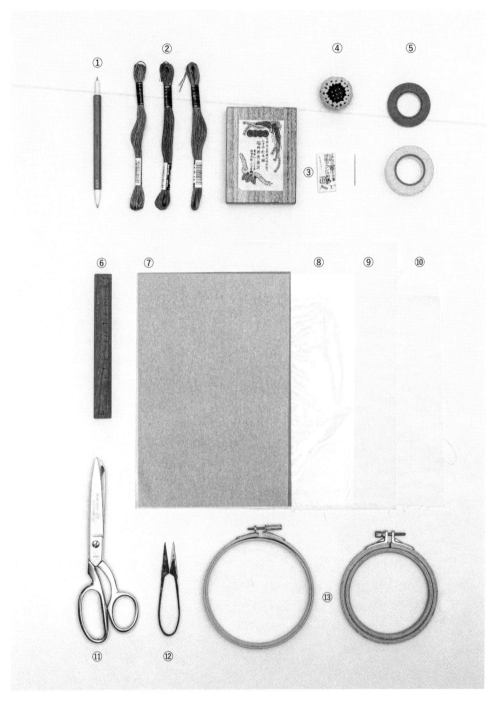

① _ トレーサー
先端が金属でできた、図案をなぞる道具。インクの切れた
ボールペンで代用することもできる。

② _ 刺繍糸
本書では「オリムパス25番刺しゅう糸」を使用。25番刺
繍糸は6本の糸がゆるくより合わされており、指定の本数
を取り分けて使用する。

③ _ 刺繍針
みすや針のフランス刺繍針を使用。刺繍針は手縫い用の針
より針穴が大きく、糸を通しやすい。番手（太さ）は使用
する糸の本数に合わせて使い分ける。

④ _ 針山
針をなくさないよう、必ず針山に戻す習慣を。

⑤ _ マスキングテープ
生地に図案を写すとき、ずれないようにマスキングテープ
で仮止めする。

⑥ _ 定規
図案を写すとき、直線をきれいに引きたい場合などに使用。

⑦ _ チョークペーパー（水で消える片面タイプ）
図案を写すときに使用。生地に写したときに見えやすい色
を選ぶ。

⑧ _ セロファン
図案を写すとき、トレーシングペーパーの上に置く。トレー
サーのすべりをよくしたり、図案を保護したりする。

⑨ _ トレーシングペーパー
図案を写すときに使用。図案のコピーで代用することもで
きる。

⑩ _ 生地
本書ではコットンのシーチングを使用。コットンやリネン
の平織りの布がおすすめ。

⑪ _ 裁ちばさみ
生地の裁断に使用する。自分の手に合った使いやすいもの
を選ぶ。

⑫ _ 糸切りばさみ
糸切り専用の切れ味のよいものを。先端が細いほうがこま
かな糸も切りやすく便利。

⑬ _ 刺繍枠
手の大きさに合わせて持ちやすい大きさのものを選ぶ。大
きな図案を刺す場合は枠をずらしながら、もしくは大きな
枠を使用する。内側の枠に布を巻いておくと、生地がずれ
にくくなり刺しやすい。

図案の写し方

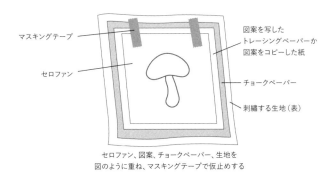

セロファン、図案、チョークペーパー、生地を
図のように重ね、マスキングテープで仮止めする

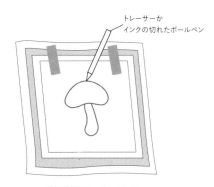

図案の線をトレーサーでなぞる

刺しはじめと刺し終わり

使用するステッチや生地、用途に合わせて使いやすい方法、糸端が目立ちにくい方法を使い分ける。

玉止め・玉結び

| 刺しはじめ

糸端を針に巻き、
巻いたところを指でおさえ
針を引き抜いて糸端に
結び目を作る。結び目の
大きさは針に糸を巻く
回数で調節する。

指でおさえる

刺しはじめ
側の糸端

| 刺し終わり

糸端を針に巻き、
巻いたところを指でおさえて
針を引き抜いて結び目を作り、
余分な糸を切る。

指でおさえる

刺し終わり位置

糸にからめる方法

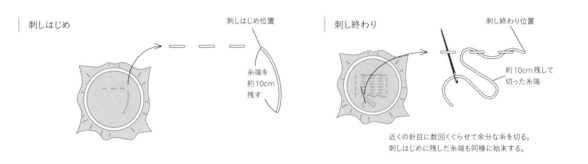

| 刺しはじめ

刺しはじめ位置

糸端を
約10cm
残す

| 刺し終わり

刺し終わり位置

約10cm残して
切った糸端

近くの針目に数回くぐらせて余分な糸を切る。
刺しはじめに残した糸端も同様に始末する。

ステッチに隠す方法

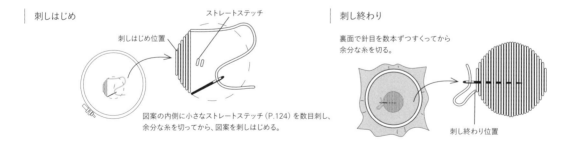

| 刺しはじめ

刺しはじめ位置

ストレートステッチ

図案の内側に小さなストレートステッチ（P.124）を数目刺し、
余分な糸を切ってから、図案を刺しはじめる。

| 刺し終わり

裏面で針目を数本ずつすくってから
余分な糸を切る。

刺し終わり位置

Basic Knowledge of Embroidery

—

Basic stitch

基本のステッチ

本書では、以下に紹介する9種類のステッチを使用。
刺し方解説の数字は刺す順番、
「出」は生地の裏から表に針を出す位置、
「入」は表から裏に針を入れる位置。

アウトラインステッチ

Outline stitch

半目ずつ重なる線のステッチ。立体的で刺した穴が目立たないので、輪郭などを刺すのに適している。カーブなどを刺す際は、カーブに合わせた針目にするとなめらかに仕上がる。

❶ 刺しはじめ位置から針を出し、1目分戻って針を入れ、半目先から針を出す

3出 1出 2入

❷ 2と3をくり返す

コーチドトレリスステッチ

Couched trellis stitch

格子状に刺した糸の重なる部分を小さな針目で止めるステッチ。格子の角度や、止め糸の針目の大きさ、色を変えるとまた違った表情になる。

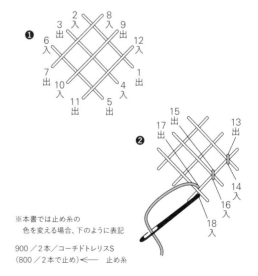

※本書では止め糸の色を変える場合、下のように表記

900／2本／コーチドトレリスS
（800／2本で止め）←─ 止め糸

サテンステッチ

Satin stitch

面を表現する基本的なステッチ。針目が長すぎるとたるんでしまうので、針目が短く刺せる向きを選ぶ。針目がまっすぐ、隙間なくそろうように刺すときれいに仕上がる。

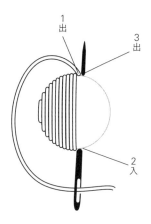

ストレートステッチ

Straight stitch

ひと針のステッチ。針目があまり長いとたるんでしまうので気をつける。刺す角度や、針目の長さによって様々な表情を出すことができる。

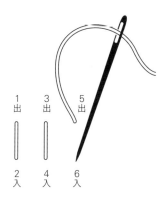

チェーンステッチ

Chain stitch

鎖のように連続した輪からなるステッチ。輪の大きさや、引き具合をそろえるときれいに仕上がる。糸を引く際は、つねに進行方向に整える。

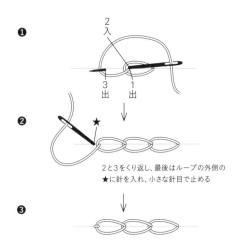

2と3をくり返し、最後はループの外側の★に針を入れ、小さな針目で止める

バックステッチ

Back stitch

日本語では、「返し縫い」や「本返し縫い」と呼ばれる基本的な線のステッチ。しっかりと針目をつなげて刺すことに気をつけるときれいに仕上がる。

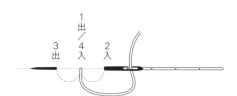

フレンチノットステッチ
French knot stitch

立体的な点を作るステッチ。針に巻く回数や、整える調子によっても表情が変わる。本書では、おもに3回巻き。玉の大きさを変えたいときは、巻く回数や、糸の本数で調整する。

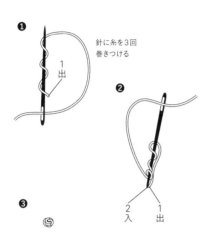

ブリオンステッチ
Bullion stitch

針に糸を巻きつけて立体的に仕上げるステッチ。すくう生地の幅と針に巻きつける幅を合わせるときれいに仕上がる。針を抜くタイミングと糸を引く方向を間違えないように。

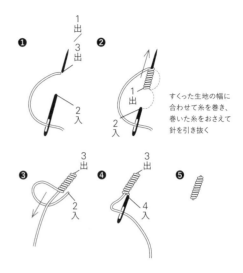

ロング&ショートステッチ
Long & short stitch

長さの異なる針目で面を埋めるステッチ。サテンステッチでは埋めづらい大きな面やグラデーションなどの表現にも向いている。モチーフによって、針目を規則的にしたりランダムにしたりして使い分けると表現の幅が広がる。

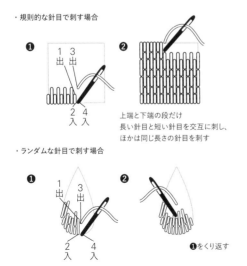

Epilogue
—

おしまい

今回、この本を制作しながらいつもと違う意識がありました。それは、この本をつくるにあたり根底にあった『なくなってほしくない美しいもの』に向き合うこと。普段も資料を見ることはもちろんあるのですが、フォルムであったりおおまかなつくりの確認であったり、はじめのアイデアの部分だけ見ることがほとんどです。それには理由もあって、あまりその資料にひっぱられすぎたくないという気持ちから。あくまでも参考であって、そこから先は自分が美しい、かわいい、おもしろいと思うようなかたちや色、構成を楽しんでいるようなところがあります。しかし、今回は違いました。実際に存在する美しいものをできるだけ、そのままの美しさを刺繍で再現したいと思って制作していました。自然に生まれた美しい色の組み合わせ。野菜や植物のもつみずみずしい美しさ。今回は刺繍にできなかったぱっと見は地味だけどおもしろいものもたくさんあり、まだまだ自分が知らない美しいものはたくさんあるのだと再確認しながらの作業でした。

自分で決めたことなのに、自分のデッサン力や技術のなさを痛感するばかりでいつも以上に時間がかかりましたが、こんなにモチーフを長い時間観察したことがなかった分、発見や改めて湧いてくる不思議な気持ちに出会えたことは大きな収穫だったと思います。正直、やっぱり本物にはかなわないと思う気持ちがないわけではないけれど、刺繍するということ、今後何を刺していきたいか目標も見つかりました。わたしが、もがいてもがいてできた刺繍を見て何か感じてもらえたら、この孤独な戦いも無駄ではなかったのかなっと思います。

atsumi

刺繍作家。多摩美術大学卒業後、アパレルメーカーや多摩美術大学職員を経て刺繍作家として活動をはじめる。刺繍をベースとした作品による個展を開催するほか、異素材を扱う作家・企業とのコラボレーションワークや、広告・書籍への作品提供、アニメーションへの素材提供、ワークショップなどの活動をしている。

著書

2011年 『刺繍のエンブレム』文化出版局
2012年 『紙刺繍のたのしび』BNN新社（共著）
2013年 『ことばと刺繍』文化出版局
2014年 『刺繍のいろ』BNN新社
2016年 『刺繍のはじめかた』マイナビ出版
2016年 『刺繍のエンブレム A to Z』文化出版局
2019年 『刺繍博物図』小学館

URL　www.itosigoto.com

刺繍博物図 2

なくなってほしくない美しいもの

2021年12月15日　初版第1刷発行

著者　　atsumi

発行人　川島雅史
発行所　株式会社　小学館
　　　　〒101-8001　東京都千代田区一ツ橋2-3-1
　　　　電話：編集 03-3230-5585　販売 03-5281-3555

印刷・製本 図書印刷株式会社

販売　　中山智子
宣伝　　井本一郎

©2021 by atsumi
Printed in Japan ISBN 978-4-09-307010-2

デザイン：大西真平
撮影：山田 薫
編集：笠井良子（小学館CODEX）

材料協力
オリムパス製絲株式会社
〒461-0018 愛知県名古屋市東区主税町4-92
TEL 052-931-6679
URL　olympus-thread.com

古来種野菜　資料提供
warmerwarmer（高橋一也・高橋晃美）
URL　wermerwarmer.net